ERICTHO
TARTARORUM TERROR

VERSUS SELECTI

M. ANNAEI LUCANI

IN USUM DISCENTIUM EXPLICATI

BINIS DIFFICULTATIS GRADIBUS

VICTORE KAPLUN

&

JESSICA MCCORMACK

INTERPRETIBUS

LUPUSALATUS.COM

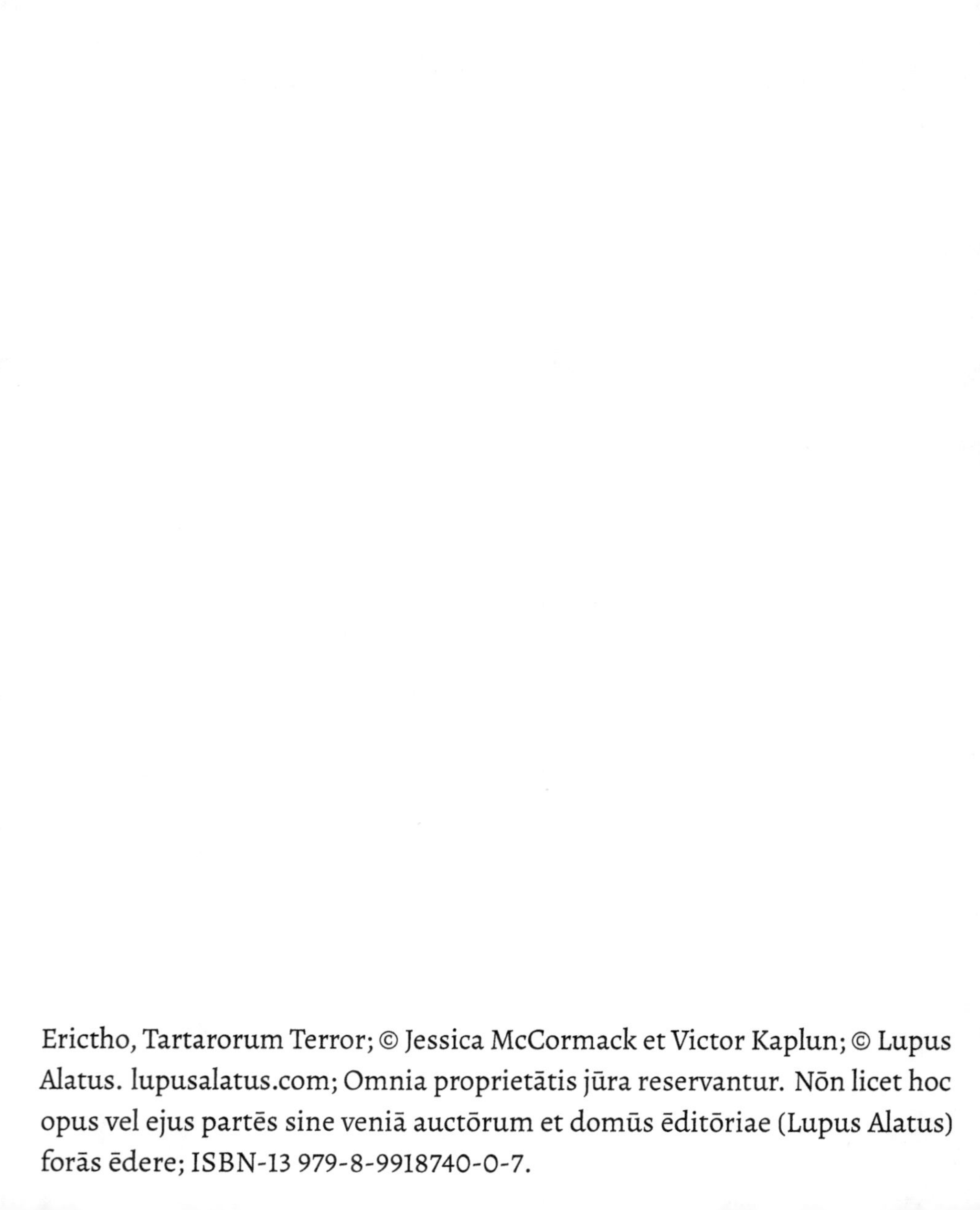

 ISBN-13 979-8-9918740-0-7.

Валерии, воскресившей меня из мёртвых.
С бесконечной благодарностью, с бесконечной нежностью.

To Jessica, who bends Fate to her will.
You keep me alive.
—V

Tibi qui pharus mihi fuisti.
—J

Thank you to Carla for showing us the way with tiered readers last year. Many thanks to Laurent for his moral and technical support with LaTeX. Many, many thanks to Marcus for helping plan and get this book started as well as for his initial work on the glossary. Thank you to Maja who has been steadfast in her support of us on social media. Thank you also to everyone who has supported us on Substack and via our Etsy store, subscribed to our newsletter, and shared our Latin content. We also want to acknowledge our beta readers from Discord: Robin, Jeff, Vitus, Maja, and Mórcus, and also Raphael. We're grateful to the Latin internet communities on Discord and Reddit for making it possible for us to meet each other, get things done together, and share our common passion in the *Rēs Pūblica Litterārum* of our times. Also, we would like to recognize the work of the scholar Charles Tesoriero, gone well before his time, whose work *A Commentary on Lucan Bellum Civile 6.333-830* (The University of Sydney, 2000) was invaluable in writing this book.

mortuōrum ēvocātiō

INDEX RERVM

INTRODUCTION

PURPOSE AND INTENDED AUDIENCE

As learners seek to transition from their introductory textbook series or courses to reading historical Latin literature, more often than not in the form of texts by Classical authors, they are invariably perplexed or even discouraged at the jump in difficulty when they cross the bridge from student-centered texts to works in the literary register. And there's no wonder! Before we attempt to read the literary register of our own native language, usually we will have been exposed to millions of words in that language. Even a toddler hears about 6,000 words in a single day as a low estimate.[1] Yet a student working through the widely used introductory textbook series *Ecce Romani* will have encountered the same number of words in an entire academic year. And that book is not at all an exception: most Latin textbooks contain fewer than 10,000 Latin words! If students are only exposed to Latin words through their textbooks, which is still very often the case, that is a miniscule amount of input and will not result in reaching reading proficiency at the level needed to read historical texts.

Extensive research on second language acquisition has shown that vocabulary is most efficiently acquired through being repeatedly encountered in context. Moreover, a significant proportion is learned without a deliberate intent to do so, but as a by-product of reading and listening for meaning. However, this crucially requires regular and repeated exposure to a word in different contexts. As a result, the number of words a learner needs to read or hear in order to acquire even a moderately large vocabulary grows exponentially, even when supplemented by vocabulary activities and drills.

Fortunately, learners can now be less reliant on their primary textbooks as a source of input than they were in the previous century. We have Latin podcasts, blogs, videos, readers, comics, and novellas. Additionally, many Latin instructors have started to incorporate active use of the language into their instruction, a practice which can easily multiply the amount of input

[1]This, coincidentally, is comparable to the number of unique lemmata Keeline and Kirby, in their article *Latin Vocabulary and Reading Latin: Challenges and Opporunities* (2023), estimate that a learner needs to know to be able to read Classical Latin with ease.

their students receive. However, even if we can create our ideal picture of a Latin learner, i.e. someone who has completed a reading-based textbook with a lot more than 6,000 words (for example, *Lingua Latīna Per Sē Illūstrāta: Familia Rōmāna*, which has over 20, 000 words, not including supplements like *Colloquia Persōnārum*), received some instruction in Latin, watched a lot of YouTube videos in Latin, read several readers or novellas, and developed a habit of listening to Latin podcasts, this person would still fall well short of the amount (not to mention the type) of input required to read Classical Latin prose, let alone poetry.

This is why tiered readers are so helpful: we can meet that learner where they are by writing simplified levels of Latin that they can use as scaffolding to help them reach the original text. In *Ericthō: Tartarōrum Terror*, the story is first presented to the reader in simpler language in tier one (*gradus prīmus*), which becomes more complex and closer to the original text in tier two (*gradus secundus*). Then Lucan's original verses are presented in tier three, (*Lūcānī versūs*). Finally, for each group of verses a Latin-Latin glossary is included.

Having two tiers of simpler Latin with a monolingual glossary maximizes the time the reader spends in the target language. It also increases the amount of Latin input readers receive while decreasing the amount of time they spend hunting for unknown words in the dictionary. Searching for multiple words per line in the dictionary and translating word by word in order to understand the original is characteristic of what many people call "reading" when it comes to Classical languages. Yet when one is translating, they aren't reading. When we say "reading," we mean staying in the target language all along and understanding it on its own terms. Meaning is extracted directly, so that upon reading the word *pluvia*, the learner does not think of their native word for *rain*, but of falling raindrops, just like upon hearing their native word for *rain*.

Though we tried aiming *Tartarōrum Terror* at more than one type of reader, we do think that it is most useful for someone who has completed a reading-focused introductory course and then read a few books that are truly intermediate in level, such as H.C. Nutting's *Ad Alpēs* or another tiered reader of poetry like Carla Hurt's *The Lover's Curse*. It's not necessary that your primary textbook was reading-focused as long as you received enough reading material through supplements such as novellas and other beginner readers. It's very hard to give an exact number of total words that a learner should have encountered before attempting to read unadapted Latin literature, but we feel that 6,000 would certainly be too low. Yet, it's not at all uncommon for Latin learners to attempt to read Classical literature after completing a grammar-based course with such a tiny amount of Latin input. While we realize that everyone has their own journey, students who set out on this difficult path will greatly benefit from the scaffolding and assistance that a tiered reader provides.

Beyond the general need for intermediate-level materials, we chose to write *Tartarōrum Terror* because we feel a story about a witch who can create zombies and threatens to lash the Furies with their own scourges is highly compelling, and compelling storytelling is a singularly effective tool for learning. Lucan's portrayal of the witch Erictho and her twisted, necromantic magic is as vivid a character sketch as you will find in ancient Latin literature.

When a story is sufficiently captivating, — and especially if it's scary — it pushes the learner to read more and more text, which results in them receiving more and more input in their target language. It is impossible for a reader to be engrossed in the characters and the action of a story if they are focused on dissecting the grammar of each sentence while simultaneously consulting the dictionary; the slower the reading speed, the less input they receive, which in turn makes it very hard to progress towards reading more difficult texts faster.

Our aim is to help learners overcome this vicious cycle. With reading-based curricula and books like this, we hope to help restore to Latin the joy of experiencing a new language through stories while simultaneously helping learners progress onto reading historical literature. This, after all, is the goal of most who undertake a study of Latin.

THE TIERED READING APPROACH

The tiered reading approach consists of picking a target text and producing at least two simplified versions (paraphrases) of it differentiated by difficulty, to be read one after the other as well as compared in parallel. This approach:

1. matches the text to the students' abilities;
2. gradually builds up difficulty while maintaining comprehension;
3. selectively reduces the difficulty of individual aspects of the original (vocabulary, word-forms, syntax) depending on the tier in order to allow the students to focus on the remaining aspects and not feel overwhelmed;
4. elucidates meaning through multiple rephrasing;
5. ensures the students approach the target text with a sense of familiarity and with the necessary background knowledge, removing extra-linguistic obstacles to comprehension;
6. achieves its goals exclusively using the target language.

As a result of this approach, students:

1. receive multiples of the amount of input compared to the target text;
2. get repeated exposure to topically-important or high-frequency vocabulary and grammar;
3. strengthen and expand their vocabulary with synonyms, antonyms and collocations;
4. receive explicit instruction in word-meanings as opposed to simple translations, building their capacity for rephrasing and expression;
5. develop the capacity to compare and synthesize meaning from different sources;
6. gain trust in their ability to comprehend complex literary texts without constant recourse to dictionaries or translation, and

7. are finally no longer frightened at the sight of large amounts of Latin text.

On the teacher's side, this approach guides and scaffolds instruction by offering multiple benchmarks of difficulty that can be easily worked up or down depending on the needs of the class or individual students. This flexibility is further increased when accompanied by the monolingual glossary which provides both linguistic and cultural explanations. Finally, the multiple tiers provide opportunities for summarizing, review, and repetition, while the definitions in the glossary can even be used to synthesize new texts!

Few if any of these benefits can be achieved by the method of parallel or facing translation, which is familiar to those who have used bilingual editions. This method is but one step away from the Grammar-Translation Method (GTM): the learner is presented with a translation from the get-go. Consequently, the stage of figuring out the meaning, the one chiefly responsible for language acquisition, is at risk of being skipped. While we feel that the parallel method is a definite improvement over GTM, it is mainly suitable for students who can already read high-level texts and possess good metalinguistic awareness, seeing meaning beyond individual words: for them it can replace a dictionary and drastically speed up reading. For most, however, it too easily can result in forming bad habits and can actually inhibit reading ability by developing a dependence on translation.

SOME METHODOLOGICAL REMARKS

In a way, our approach to tiered readers mimics in written form the kind of rephrasing and explanations one would normally give by oral instruction. The glossary, for instance, is simply what we would answer to a student asking about the meaning of a word or construction, while our tier two disentangles the poetic syntax the way a teacher might do while reading and discussing the text in class. In this way, the tiered reader continues the ancient tradition of putting to writing what goes on in the classroom, joining the numerous Latin and Greek commentaries, the *Ad Ūsum Delphīnī* editions, the ever-popular didactic dialogues (*colloquia scholastica*), and even the grammars, which were collections of precepts for oral recitation in front of the pupils to be memorized by heart (see Donatus' *Ars minor* for an excellent illustration).

With this, we would like to counteract the objection that using spoken Latin in the classroom is a novel and untested approach that is of limited value in preparing students to read literature. The aim of this type of instruction has never been to develop conversational skills — these would take care of themselves. Teaching Latin in Latin increases the amount of input students receive, minimizes native-language interference, and has rightly been seen as the best way to develop general literacy in the language, the ultimate goal of traditional Latin education.

Beyond this, we take it as self-evident that real-time oral communication is where language proficiency really gets put to the test, strongly cementing the knowledge acquired through other means as well as showing *lacunae*; while at the same time, the ability to rephrase and summarize a text is a litmus test for comprehension. Oral exercises cannot be replaced by the task of translation, which involves a wholly separate set of skills.

The Grammar-Translation Method was developed in the 18th and 19th centuries[2] in an attempt to substitute this traditional, direct methodology by putting translation ahead of comprehension; this was accompanied by a sharp decline in Latin proficiency. We hope that tiered readers like ours will help reverse this decline and bring back oral communication to the Latin classroom.

HOW TO USE THIS BOOK

When you write a tiered reader, you primarily imagine your readers progressing through the tiers sequentially and finishing with the original text. However, a more experienced reader could skip tier one or even tier two and rely primarily on the glossary for assistance in reading the verses; whereas a less experienced reader could focus more on either of the rephrasings. Tier one is 2000+ words of intermediate Latin by itself, and you will find many readers of this length on the market that are standalone books. This tier also features greater departures from the original than tier two. A learner may therefore limit themselves to tier one alone during their first read-through and tackle the two higher difficulty levels in conjunction afterwards.

Additionally, a tiered reader of this sort could be useful to Latin instructors looking to discuss texts in Latin with their students. The reality is that nearly all Latin instructors have not been afforded adequate opportunities to speak Latin or write in it extensively as part of their formal instruction. More and more teachers are seeking to add communicative methods to their Latin teaching praxis, but options for training or even just communicating in Latin, though expanding, are still limited. We hope that these teachers can use tier one and the glossary as a guide and a model to help them reword and discuss advanced texts with their students.

[2]For details, see the doctoral dissertation by Thomas Raymond Siefert, *Translation in Foreign Language Pedagogy: The Rise and Fall of the Grammar Translation Method* (2013).

STRUCTURE AND CONTENTS

This book consists of selections from book VI of Lucan's *Dē Bellō Cīvīlī* (also commonly known as *Pharsālia*). The story is presented in three difficulty levels. Tier one (*gradus prīmus*) offers a simplified prose retelling which does not endeavor to closely match the original, but rather to make the story readily comprehensible to an intermediate reader while still remaining relatively natural and idiomatic. This tier can be read on its own and focuses on using a learner-friendly vocabulary, which differs substantially from the diction of Lucan. Syntactic rephrasing is extensive and default Latin word order is preferred where this doesn't overly impact naturalness.

This is followed by tier two (*gradus secundus*), a prose rewording of Lucan's verses that largely preserves the vocabulary and morphology of the original lines while focusing on eliminating or clarifying poetic and highly emphatic word order. In other words, it's what Lucan might have said if he had told his story in prose. Word order in this tier is similar to that used in tier one, but more closely reflects the information structure (topic-focus relations) of the original sentences. This makes it an effective aid to reading Lucan's original lines.

Finally, Lucan's unadapted Latin verses (*versūs Lūcānī*) are presented in tier three. We used Housman's venerable edition of *Bellum Cīvīle* with some orthographic changes that are discussed below.

The verses we selected give the reader a good sense of Erictho's character and of her formidable powers. We also hope that the reader will learn something about the magical reputation that Thessaly enjoyed throughout antiquity and why Sextus Pompey, son of Pompey the Great, was compelled to make use of Erictho's chthonic magic. The verses are also important in that they generally reference and illustrate the Graeco-Roman world's conceptions of death, magic, and the Underworld as well as of the relationship between humans, nature, and the supernatural, even if as seen through the philosophical prism of one particular author. We hope that the selections presented in this book will pique the reader's interest in the subject and motivate them to try their hand at reading either the original book VI, or the whole poem in its entirety, at some point in the future.

THE GLOSSARY

The words we selected to gloss were those that we thought would be less likely to be known by an intermediate reader as we described above. Additionally, more common words are glossed if they are used in a context that is unlikely to have been encountered previously by a person with limited experience reading Classical texts. The authors of this book have a partiality towards *LLPSI: Familia Rōmāna* since we have all used the book to learn and/or teach Latin and appreciate the amount and quality of the Latin therein. Therefore, we used the vocabulary of *LLPSI: FR* as a guide to help us decide which words to gloss. However, if a word is introduced late or not repeated very often in *LLPSI: FR*, you may still find it glossed. We kept in mind there are many other textbook series aside from *LLSPI*, and we also consulted the Dickinson College "Latin Core Vocabulary" webpage.[3]

If anything, when it is taken into account that it is tiered, this book may be over-glossed. This is partially due to a lack of an established common vocabulary and curriculum for learners, but also because there exists no digitized, beginner-to-intermediate friendly Latin-Latin dictionary. Since we want the reader to be able to think and read in Latin while discerning the meaning of unknown words by associating them with previously acquired Latin vocabulary, we decided to include a Latin-Latin glossary as an additional aid. The order of the definitions in the glossary is from the general to the particular, and from the literal to the transferred. Sometimes the first, literal meaning won't be the meaning found in the actual text, but it is still provided as being foundational to any transferred or extended meanings a word might have.

The words in the tiers that are glossed are bolded. We use parentheses in

[3]https://dcc.dickinson.edu/latin-core-list1

the glossary to enclose information about part of speech and derivation. We glossed most perfect passive participles as adjectives, except where the syntax and meaning is clearly verbal. In some cases, "<" indicates morphological derivation, and in others a more general etymological connection, which some learners find very helpful for memorizing new words. We use "=" to mean "equivalent to," often in explaining alternative forms and syntactic omission (ellipsis). The symbol "↔" indicates an antonym, usually of the literal meaning. Entire phrases which are glossed are also bolded if they are short and continuous or, in a few cases, we use footnote notation without bolding if they are longer. A list of terms used and their abbreviations can be found on page xiv.

SPELLING AND ORTHOGRAPHY

Lucan's verses feature *-īs* as the third declension accusative plural ending. This variant form is rarely encountered in materials made for intermediate students, but is very common in editions of Latin poetry. We feel that learners progressing to reading poetry should become familiar with it as early as possible to avoid confusing it for the genitive singular or the first/second declension ablative plural. To that end, we have left it as *-īs* in our edition of the original verses. The rewordings in tiers one and two still feature the more familiar ending *-ēs*.

Housman's edition of *Bellum Cīvīle* opts for unassimilated forms of prefixes, for example, *inlātrāre* for *illātrāre*. In these instances, we gloss the assimilated form with the unassimilated portion of the word given in parentheses: *illātrāre* (*inl-*). As to their pronunciation, it is reasonable to assume that it varied as much as their spelling.

In all tiers we use consonantal *j* and *v*, spelling *u* when it follows another consonant inside the same morpheme, as in *quis* and *suāvis*. In Lucan's verses, the reader will consistently find *vol-* in words like *volnus/vulnus, revolsus/revulsus*, as this was the usual spelling during Cicero's time, but in the first two tiers, we've opted for the more familiar *vul-*. It's probable that neither spelling fully reflected the pronunciation, and that the latter was in the process of shifting.

While the text of the poem shows spellings like *expectāre* and *extruere,* we standardize them in favor of *-xs-* in the other tiers.

CAPITALIZATION

On the textual level, we decided to only capitalize the start of each section. The section is our best attempt at finding the middle ground between the modern sentence and the Latin period, which organizes its poetry as well as prose.

After extensive back-and-forth, we decided not to capitalize common nouns that verge on being proper names, such as *deī, īnferī, sōl, umbrae*, and *mānēs*.

PUNCTUATION

The language of the Romans was never standardized in the way that modern languages are; more than anything, this is true about its punctuation. The conventions used by any particular text reflect in large part the conventions of the writer/editor's time period and their native tongue — and some of these are complicated and very different from those of modern English. It also frequently happens that even editors who share their native tongue disagree on how to punctuate a Latin sentence.

While we mostly agreed between ourselves, we frequently disagreed with the earlier editions on which we based our text. If the reader sometimes finds our choices idiosyncratic, let them keep in mind that our main goal was to indicate natural sentence intonation and pauses as well as to mark the boundaries of nested phrases. This was done at some expense of consistency, seeing as we did not stick to a rigid set of rules lifted from a different language such as English.

When a section would end with a semicolon, as a general rule we converted it to a period.

Exclamation marks have been freely added where we felt the content of the utterance was emotionally charged. We suggest that these be recited accordingly.

CONTINUED AND OMITTED VERSES

The full hexameter line is transcribed in common metrical notation as:

[— uu | — uu | — uu | — uu | — uu | — X]

Whenever we omit the beginning of the verse as belonging to a previous sentence, the omitted text is replaced with that metrical notation, which is to be tapped or spoken out loud (TA-dada). This was done in order to facilitate recitation and scansion, as few experienced Latinists can effortlessly pick up a hexameter beat in the middle of a line. Ends of lines were not given the same treatment since recitation is unaffected by their omission.

Whenever a continuous part of the original text is broken up into several sections, the continuity is marked by an ellipsis placed at the end of the section:

scīre parum superōs ...
[— uu — uu —] Vānum saevumque furōrem.

When we omit parts of the text by printing an incomplete sentence inside a section, such omission is indicated by placing a ellipsis inside brackets as follows: [...].

A FEW FAQ ABOUT HEXAMETER

There exist many freely-available introductory resources on Latin metrics and scansion, and we don't wish to retread on their well-trodden ground. However, our experience tells us that these resources still leave many learners with a host of very similar questions, and we aren't aware of any single resource that these learners can turn to for clarification. Therefore, we feel that it will be of service to the reader to find answers to some of these questions in our book. In the following discussion, knowledge of the fundamental principles of Latin pronunciation and scansion will be assumed. The reader is encouraged to reaffirm it as necessary.[4]

How Is Latin Poetry Recited?

Poetry in any given language follows the same linguistic laws as the rest of the language, which it exploits for artistic effect. This applies to the levels of syntax-morphology, phonology, and vocabulary alike. Unlike cases of diglossia (the coexistence of two separate languages in the same community of speakers, for example when a sacred language such as Sanskrit, Biblical Hebrew, Medieval Latin, or Classical Arabic is used alongside the vernacular), there are no good grounds for treating poetry as a separate linguistic (or non-linguistic) system from prose inside the same language.

This is also true of poetic meter, which exploits the natural rhythms of the language for artistic effect. In doing this it uses a level of abstraction, an idealized metrical pattern ("grid") onto which actual speech is overlaid. Poetic performance, whether it be silent reading or reciting in front of a crowd, results in an aesthetically pleasing interplay between this poetic abstraction and the everyday linguistic realities of long and short vowels, stressed and

[4]The standard reference guide for Latin pronunciation is William Sidney Allen, *Vox Latina*, 2nd. ed. (1989). Unfortunately, there isn't a single modern and comprehensive guide to Latin scansion, but adequate information can be found in the innumerable printouts and appendices accessible through the use of search engines, as well as in most reference grammars. The Wikipedia article titled *Dactylic hexameter* is particularly helpful.

unstressed syllables, syntactic and intonational phrases, and even simple pauses to take in breath.[5]

With this understanding, the answer to the question in the section title becomes straightforward: read poetry as you would prose. If pronounced close enough to how the poet spoke, the metrical line and all its components will normally fall into place by themselves without conscious manipulation. Indeed, the more intrusive manipulation is required from the reader to fit the line to the abstract pattern, the less aesthetically pleasing it is to those who perceive it.

What this means is that a reader proficient in the language does not have to spend time to get a feel for a new poetic meter or even be aware that they're reading verse. All they need to do is to perform it either silently or out loud, and the magic of rhythmical speech will work its charms naturally, as was intended by the poet. This is not to say that the performance of poetry should not differ from that of prose, only that the two should coexist on the same continuum.

Readers who have been taught to *scan* poetry instead of *reading* it, and who find that when reciting it, they need to switch into a "different mode" as if it was a level of language entirely separate from prose, are advised to work on reducing the discrepancy between how they think of and approach reading prose and poetry and to focus on introducing correct rhythm to their reading of prose. Learning through constant practice to unconsciously observe correct vowel length, syllabification, and elision should take them most of the way there. Hexameter verse can be a great aid in this, since, being the most measured, regular, and readily perceived Latin meter, it allows the reader to easily deduce the length of vowels and syllables.

[5] Reuven Tsur, *Poetic Rhythm: Structure and Performance; an Empirical Study in Cognitive Poetics*, pp. 23-54 (1998).

What Is Ictus?

Ictus, "a striking or beat," is the metrical beat that can be tapped or clapped. In Graeco-Roman meters it falls onto the leftmost heavy syllable, else on the leftmost one, as in tribrachs (úuu). In musical terms it corresponds to the strong measure, in linguistic terms to the head of a branching structure. Ictus is separate from word stress, although in Latin poetry the two have a strong association since, unlike Classical Greek, Latin has a stress accent. However, ictus does not replace natural word or phrasal stress in poetry recitation; instead, there's an interplay between the two as they clash and coincide.

The problem of what exactly is ictus was hotly debated at the beginning of the last century. This debate seems to have arisen out of the reluctance of some scholars, whose native language based its poetic meter on stress, to accept the possibility that in another language that also possessed a stress accent, strong measures could be signalled by something other than stress. In fact, this is not only perfectly possible but forms the basis of one of the world's richest poetic traditions, that of Classical Arabic, as well as having been adopted by Hungarian. Given this knowledge, the practice of reciting Graeco-Roman poetry while stressing metrical ictus can only be justified by appealing to the difficulty which speakers of languages that lack vowel length and/or syllabic weight distinctions experience in learning the correct pronunciation of Latin.

Nevertheless, we believe that anyone who wishes to enjoy the rhythmical beauty of Latin poetic speech and escape the expressionless mechanical droning of constantly stressing the ictus needs to ultimately overcome this difficulty.

What Is Caesura?

This problem is similar to the previous one, since mechanical scansion normally involves scanning the entire line without regard for pauses required by sense or syntax. As soon as these come into play, it becomes apparent that there are recurrent places inside each type of poetic line where the modern orthography will tend to put a comma, a semicolon, or a dash, and the reader will tend to pause. These places can naturally only occur between words, not inside them; what is less natural is that they also mostly occur inside feet. This produces a sense of incompleteness as well as suspense and anticipation, as if pausing at the crest of a wave; it also signals that the verse hasn't been recited in full yet.

The coincidence of a break in sense, syntax, and performance is what's referred to as *caesūra*, "a cutting or slicing up;" other Latin terms for it are *incīsiō*, *distīnctiō*, and *comma*, the latter from Greek. When such breaks occur between feet, they're often called *diaeresis* in modern literature on metrics, and in Latin were sometimes referred to as *cōlon* or *cōlum* ("limb," also from Greek). However, the distinction between the caesura and diaeresis has never been strictly maintained.

One can find in earlier scholarship the idea that caesura did not correspond to any audible pause in performance; even some modern and eminent Latinists still profess this point of view. Without going into detail, we have to disagree and insist that this interpretation is an artifact of an abstract-thinking, sight-reading culture that interacts with poetry as text on a page. We think it very improbable that when talking about "cutting up the line" in teaching children to recite poetry, the ancient Greeks and Romans, who mostly had no notion of reading silently from a page, who memorized entire speeches and books of poetry by heart, and whose grammatical and oratorial doctrine was based around oral delivery, were inculcating some abstract and inaudible aspect of syntax or compositional technique. Nor do we think it probable that Quintilian meant something inaudible when he used the phrase *versum distinguere* "to divide a line in two" right after mentioning *suspendere spīritum* "to hold one's breath" and before mentioning "raising and lowering one's voice," in the end conceding that none of this could be demonstrated other than *in opere ipsō* "in actual practice."[6]

We have not marked caesuras in our text, as some lines would force us to

[6]Quīntiliānus, *Īnstitūtiō Ōrātōria*,1.8.1

choose between more than one possible placement, while others can be recited without pausing and do not seem to strictly require a caesura. We hope that sense and punctuation combined will be enough to guide the reader, just as they do in a prose text.

Why Is Word Order So Unpredictable?

Word order in Latin poetry follows the same phonosyntactic rules as operate in prose and, as far as we can tell, operated in ordinary speech. What sets poetry apart is that these rules are habitually amplified and even bent to achieve artistic effect as well as to satisfy the demands of the meter. The way this is done is neither random nor arbitrary, but is instead dictated by tradition and the stylistic taste of the poet and his or her contemporaries. A reader insufficiently familiar with the phonosyntactic rules of ordinary Latin prose will naturally be unable to grasp the semantic, stylistic, discourse prominence, and artistic effects created by the extended application of these rules in poetry.

The basic discourse (information) structure of the Latin sentence is the topic (old information, what the utterance is about) followed by the comment (the new and important information communicated about it). Words that are emphatically focused, including interrogatives and imperatives, are fronted to the start of the phrase; sentence adverbs, pronouns and other weakly stressed words regularly occupy the second position; what is obvious and assumed gets postponed after the verb; and all of this is intrinsically linked to sentence intonation. Very similar syntactic movement phenomena are found in countless modern languages, such as Serbo-Croatian, Greek, German, Finnish or Hungarian.

Here's an elegiac couplet penned by Tibullus:

Mē tenet *ignōtīs* **aegrum** Phaeācia *terrīs*,
abstineās *avidās* **Mors** modo **nigra** *manūs*.

Far from being an unnatural syntactic aberration, with its mirror AB || AB pattern repeated in both lines and its sharp intonational climb towards the break *(caesura)* followed by a longer fall, it's practically a canonical example of how to write a Latin epigram. The noun phrases *mē aegrum, ignōtīs terrīs, avidās manūs, Mors nigra* are all made discontinuous and evenly distributed by syntactic movement. The most emphatic words in each line (*aegrum, Mors*) are placed right after the break to maximize suspense and exploit the downward intonational movement; the least emphatic words (*tenet, modo*) unite with emphatic monosyllables; the stylistic flourishes of *terrīs ignōtīs* and *manūs avidās* neatly occupy their "assumed" spots; the exhortation (*abstineās*) is fronted. The ordinary topic-comment structure is likewise on display here.

The traditional term for this type of discontinuity is *hyperbaton*. This threatening looking Greek word immediately makes it look like some poetic artifice and not something that happened in ordinary, natural conversation. "And really," one might wonder, "who would talk like that if they wanted to be understood?" But the Romans and the Greeks certainly did, *especially* when they wanted to make their point clearly and emphatically understood. *On the Sublime,* a Greek treatise on good writing by an unknown author, is instructive:

> By hyperbaton we mean a transposition of words or thoughts from their usual order, bearing unmistakably the characteristic stamp of violent mental agitation. In real life we often see a man under the influence of rage, or fear, or indignation [...] begin a sentence, and then swerve aside into some inconsequent parenthesis, and then again double back to his original statement [...] Now the figure hyperbaton is the means which is employed by the best writers to imitate these signs of natural emotion. For art is then perfect when it seems to be nature, and nature, again, is most effective when pervaded by the unseen presence of art. (transl. by H. L. Havell)

We don't wish to imply that its use in poetry hasn't been conventionalized, only that in order to understand this convention and its effects, one needs to acquire a "feel" for the way hyperbaton is used in Latin prose, and, as far as can be glimpsed from the written word, for the way it was used in spontaneous speech.

Or we might take another technical Greek term, *anastrophe*, which is defined by most dictionaries as the inversion of the usual word order for rhetorical effect, specifically altering the order of S(ubject), O(bject) and V(erb). Anyone who's heard Master Yoda speak has experienced the rhetorical effect of this device in modern English, where it is foreign to normal everyday speech and limited to poetry that imitates Latin and Greek, as well as a few "old-timey" expressions. But to the Romans and the Greeks this was neither Yoda-speak nor a rhetorical device they had to learn at school: its function was to structure and present information in an efficient and predictable way — something their everyday speech would be impossible without. This is what its effect in rhetoric as well as poetry rested on.

It's not just English speakers who are often taken aback at the freedom and apparent unpredictability of the Latin word order. Speakers of Slavic languages have no trouble with SVO inversion, which in those languages is very common in speech and poetry alike, but breaking up noun-adjective phrases is relatively rare and normally only a single word is allowed to intervene. Latin's use of hyperbaton therefore seems as inexplicable to these speakers as SVO inversion does to speakers of English.

When adapting our selections from Lucan, we've taken pains to find a middle ground between the two extremes of using a rigid schoolbook syntax entirely insensitive to meaning, intonation, and discourse structure, and the freedom that was afforded to the poet. At the same time we've kept in mind that only the former of these two extremes can truly be called unnatural.

DE VERSIBVS HEXAMETRIS

Versus propriē dīcitur in agrō sulcus quem agricola dūcit, quō ductō arātrum rūrsus *vertit* ut alterum sulcum dūcat. Per trālātiōnem autem generātim dīcitur ōrdō litterārum in pāginā, et speciātim ōrdō perfectus numerōrum pedumque in carmine poēticō.

Numerī sīve **rhythmī** sunt tempora et intervālla in quae aut mūsica aut saltātiō aut sermō dīmētītur. Etiam prōsa ōrātiō numerōs habet, sed hī nūllā lēge vincuntur. Carmina autem certīs numerīs cōnstant quōs **ars poētica** statuit. Ōrdō numerōrum quī poēticā lēge vincuntur **metrum** appellātur.

Omnis sermō **vōcibus** cōnstat, omnis vōx **syllabīs**. (**Vōx** est minima pars ōrātiōnis sēnsum habēns, seu verbum seu vocābulum sīve interjectiō.) Omnēs syllabae Latīnae aut **brevēs** sunt aut **longae**. Et brevēs sī ūnīus temporis sint, longae sī duōrum aut plūrium. Ūnīus temporis est syllaba quae vōcālem brevem continet et nūllā cōnsonante terminātur, ut *ca* [ka] in *canō*. Sīn aliter, duōrum est temporum, ut *ā* [aː], *quae* [kʷae̯], *at(que)* [at], *Mārs* [maːrs]. Sermō Latīnus syllabās duōrum et plūrium temporum nōn discernit. (**Tempus** est brevissima vōcis prōductiō sīve extēnsiō. Vōcālēs longae item **prōductae** dīcuntur, vōcālēs brevēs **correptae**; nōn item syllabae.)

Hinc appāret syllabās longās vōcālēs **nātūrā** brevēs continēre posse; tālēs syllabae nōn nātūrā sed **positiōne** longae esse dīcuntur. Hae in doctrīnā linguisticā hodiernā "occlūsae" vel "terminātae" vel "(dē)fīnītae" vel "perfectae" vel etiam "caudātae" potius dīcentur. Sunt etiam syllabae longae et nātūrā et positiōne, ut *Mārs, vīlla, aestās.*

Omnis vōx Latīna etiam ūnam syllabam habet quae accentum accipit et **acūta** dīcitur; haec plūs et acūtius sonat quam cēterae. Accentus paene semper in paenultimam syllabam cadit sī haec longa sit, aliōquīn in tertiam ab ultimā; in paucīs admodum vōcibus in ultimam per syncopēn, ut *adhū́c, illī́c, Maecēnā́s, attát, ehéu, prōdū́c, fūmā́t* prō *fūmāvit*. Lingua Latīna accentūs in versibus compōnendīs cūrat, aliter ac lingua Graeca; sed multō minus quam lingua Anglica aut Italica.

Ubi vōx Latīna syllabās accipit aut āmittit, saepe accentus in aliam syllabam trānsit, ut *Valérius, Válerī, Valerī́que.* Particulae itaque encliticae *-que, -ne,* et *-ve* accentūs locum mūtant secundum rēgulam quam modo dīximus: *Valéria, Valeríaque, Valeriámque sīcut Túllia, Tullíola, Tulliolámque.* Plautus autem *Váleriam* sed *Tullíolam* dīceret.

Verba in sermōne continuō **semper conjunguntur** et tamquam ūnum longum verbum efficiant. Et cum hōc modō conjunguntur et collīdunt, novās syllabās saepe efficiunt et dīversās ab iīs quās per sē posita habuērunt. Praecepta syllabārum faciendārum haec sunt:

A. Omnis syllaba **ā cōnsonante incipere dēbet** sī ūlla cōnsonāns ante posita sit. *Vir* [wir] vocābulum, exemplī grātiā, per sē positum ūnam syllabam positiōne longam facit. Tamen sī vōcālis sequātur, illa syllaba ***r*** cōnsonantem sequentī syllabae trādit et nātūrā brevis fit, ideō quod in ***i*** vōcālem nātūrā brevem dēsinere coepit: *vir est* [wi.rest].

B. Duae **cōnsonantēs ita dīviduntur** ut altera syllabam terminet, altera subsequentem incipiat.

C. ***K, p, t, g, b, d, f*** cōnsonantēs mūtae dīcuntur, ***r*** et ***l*** liquidae. Ubi mūta liquidae praepōnitur et hae vōcālem nātūrā brevem sequuntur, ut in *sacrīs,* aut brevem aut longam syllabam ante sē efficere possunt. Brevem efficiunt, cum cohaerent et ūnā syllabam sequentem incipiunt, ut [sa.kriːs]. Et longam efficiunt, cum dīviduntur, ut [sak.(k)riːs]. Tum ***c*** [k] syllabam terminat (et simul fortasse sequentem incipit): [sak] — itaque syllaba positiōne longa esse dīcitur. Atque hoc cum in mediā syllabā fit, accentus in illam syllabam trānsit, ut in *volúcrī, tenébrīs, Patróclō.* Quod quidem poētae saepe fēcērunt, sermō cotīdiānus rārius, quī semper plūrēs cōnsonantēs syllabam incipere amat. Praepositiōnēs vērō (ut *ob-, ad-*) ubi liquidīs junguntur, ut in *obruere,* cōnsonantem suam numquam trādunt nec brevem syllabam umquam faciunt.

D. ***St, sp, sc*** quoque cohaerent syllabamque incipiunt dummodo in prīncipiō vōcis posita sunt; in mediā vōce numquam. Sed aliī poētae et in prīncipiō vōcis haec dīvidunt, Graecōrum auctōritātem sequentēs, velut hoc Catullī: *nūlla fugae ratiō, nūlla spēs* [nuːl.las.peːs] [— — —].

E. Ubi duae vōcālēs inter duo verba coeunt, prīma eārum (quae ad sinistram est) **ēlīditur** sīve **exclūditur** (hoc est perit), ita ut nūllam syllabam faciat; quod **synaloepha** dīcitur ā grammaticīs. Et nescīmus utrum omnīnō auribus percipī nōn potuerit an sēmivōcālem effēcerit.

F. Ubi autem tertia vōcālis duābus vōcālibus collīdentibus praecēdit, tunc media eārum (praeterquam ***a***) potius in sēmivōcālem trānsit, ut: *sentiō et excrucior* [sen.ti.we.tek.skru.ki.jor].

G. Etiam sī **praepositiō ūnā cum verbō** scrībātur, tamen vōcālis tamquam inter duo verba ēlīditur: *sēmiannus* [seː.man.nus], *anteīre* [an.tiː.re].

H. ***Est*** et ***es*** verba cum praedicātum complent, nōn aliēnam vōcālem plērumque ēlīdunt, sed propriam āmittunt, id quod **aphaeresis** dīcitur: *callida est* [kal.li.dast]. Sed hoc nōn semper fit, vērum dē sēnsū et compositiōne pendet.

I. ***U*** et ***i*** vōcālēs aliquandō cōnsonantēs fiunt, ut hoc Vergilī: *abiete costās* [ab.je.te.kos.taːs], *genua labant* [gen.wa.la.bant].

J. Vērīsimile est post ***u, i, o, e*** vōcālēs brevēs, ubi alia vōcālis sequēbatur, cōnsonantem ab eādem litterā expressam sonāsse: *pluvia* [plu.wi.ja], *pluit* [plu.wit]. Hoc suspicāmur variīs dē causīs: et quia hae cōnsonantēs interdum scrīptae sunt ā Rōmānīs; et quia lingua Latīna hiātum omnibus modīs fugit; et quod in nōn paucīs linguīs hodiernīs itidem fit.

K. ***J*** cōnsonāns quandō in mediā vōce inter duās vōcālēs posita est quārum prīma brevis, gemina sonat, et ideō syllabam positiōne longam efficit: *ejus* [ej.jus], *Ajāx* [aj.jāks] [— —]. At sī vōcālem longam sequātur aut partem ōrātiōnis incipiat, simplicem sonum habēbit: *prōjectus* [proː.jek.tus].

Nōn omnis littera cōnsonāns habet cōnsonantis virtūtem:

A. ***M*** littera in fīne partis ōrātiōnis posita nōn proprium sonum efficit, quī labrīs compressīs fit, sed obscūrius sonat, immō cum vōcālī cōnfunditur et velut nota est quae significat ipsam vōcālem **dē nāre** (hoc est **per nāsum**) esse prōdūcendam. Quae vōcālis quamquam nātūrā brevis est, tamen longius solitō sonat. Similēs vōcālēs in linguīs Polonicā, Lūsītānicā, Francogallicā, Hindustānicā, Japonicā inveniuntur atque ut [ã, ẽ, ũ] litterīs phōnēticīs notantur.

   Quandōcumque duo verba ita conjunguntur ut ***m*** cōnsonantem in fīne positam vōcālis sequātur, nōn modo ***m*** cōnsonāns obscūrātur, sed et vōcālis cuj postposita est ēlīditur. Sīn autem cōnsonāns sequātur, huic sē accommodat ut eōdem palātī locō oriātur. Itaque *cum tam crēbrum locum adīret* fere ut [kun.taŋ.kreː.brũl.lo.kʷa.diː.ret] ēnūntiātur.

   Maximē itaque animadvertendum est nē inter duās vōcālēs ut [m] ēnūntiētur. Hoc enim vitium ā grammaticīs prō barbarismō habēbātur et **mȳtacismus** appellābātur.

B. ***N*** littera similiter quandō ***s*** aut ***f*** litterīs praepōnitur, ipsa nōn sonat, sed vōcālem sibi praepositam prōductam esse significat et plērumque dē nāre prōferendam: *mōns* [mõːs]. Quod sānē etiam fit verbīs conjūnctīs, ut *cōnstāns* [kõːstãːs], *in faciem* [ĩː.fa.ki.jẽ], et fortasse *nōmen suum* [noː.mẽː.su.õ], nisi hoc ut [ment.su] potius ēnūntiābātur.

C. ***H*** littera potius nota aspīrātiōnis, atque in mediō sermōne posita fere mūta est, vērum in initiō tantum sonat. Itaque cum alia cōnsonāns ante eam posita est, haec neque ***h*** littera syllabam incipit: *et haec* [e.tae̯c] vel fortasse [e.tʰae̯k].

D. ***Qu*** semper ūnam [kʷ] cōnsonantem compositam faciunt nec umquam dīviduntur. Et ante aliam ***u*** litteram vim ***c*** litterae habent, ita ut *quu* = *cu*.

Metra et versūs in **pedēs** dīviduntur. Pedēs fiunt cum plūrēs syllabae ita conjunguntur ut aliae aliīs potiōrēs sint. Poēticae Latīnae sunt multa pedum genera, quae nōn minus quam bīnīs nec plūs quam quaternīs syllabīs cōnstant, plērumque vērō aut bīnīs aut ternīs. Alia metra aliōs pedēs certīs locīs admittunt. Ecce genera pedum frequentissima, ubi 'u' syllabam brevem significat, '—' longam:

- iambus: [u —] ut *venī*
- trochaeus: [— u] ut *Mārce*
- dactylus: [— uu] ut *Jūlia*
- spondēus: [— —] ut *frātrēs*

In hīs syllaba longa potior est (praeter spondēum, ibi enim prior), itaque sī digitīs aut pedibus **pulsēmus** dum carmen recitēmus, illa syllaba digitōrum pedumve **ictibus** respondēbit. Sī pulsāre nōlumus, vōcis modulātiōne hōs ictūs significāre licet, tamquam syllabās acuendō. Sed et hoc et illud tantum in exercendō facimus, nōn in recitandō. Itaque in carmine recitandō omnēs vōcēs **eōsdem accentūs servant** quōs in prōsā ōrātiōne accipiunt. In carmine cantandō aliter fit, quoniam cantiō vōcis modulātiō atque īnflexiō est; vērum ipsī Rōmānī versūs hexametrōs ad modōs mūsicōs canere nōn solēbant, tam etsī Quīntiliānus eōs reprehendit quī "lēctiōnem in canticum dissolvant."[7]

Versus **hexameter** vel **hexametrus** aut **hērōicus** dīcitur, quī sex pedēs continet, quī omnēs aut dactylī aut spondēī esse possunt, praeter pedem ultimum. Hic enim pēs paene semper spondēus est aut trochaeus, paenultimus autem dactylus esse solet, tam etsī nōn dēbet. Trochaeus in ultimō pede admittitur, quia vōcālis ultima sīve novissima aut brevis aut longa esse potest atque **anceps** sīve **commūnis** dīcitur, et 'X' litterā notātur:

[— uu | — uu | — uu | — uu | — uu | — X].

[7]Quīntiliānus, *Īnstitūtiō Ōrātoria*, 1.8.2.5

Hexameter versus semper in duās aut aliquandō in trēs partēs dīvidī sīve incīdī potest, quae **cōla** sīve **membra** dīcuntur. Locus ubi versus incīditur **incīsiō** sīve **caesūra** aut **comma**, aut etiam **distīnctiō** vocātur, quae eadem vocābula et "," notam significant, et ipsa ōrātiōnis segmenta. Illī locī nōn fortuītī sunt sed artis poēticae rēgulam sequuntur. Neque aliō locō incīdī potest versus nisi post vōcem fīnītam, itaque sunt quī caesūram dēfīniant ut sit **vōcis fīnis in mediō pede positus, quī pedem incīdat.** Sed quoniam quisque pedum hexametrī in mediō incīdī potest, etiam ultimus, ea dēfīnītiō nōbīs parum ūtilis vidētur.

Īnfēlīciter fatēmur virīs fēminīsque doctīs adhūc nōn cōnstāre nec quōmodo incīsiō sīve caesūra dēfīniātur, nec **quōmodo versuum recitātiōnem affēcerit** apud antīquōs. Sunt enim quī eam nōn nisi lēgem artificiōsam esse velint ā poētīs fictam, et nūllō modō audīrī potuisse dīcant; aliī in accentibus verbōrum ejus causam vident, aliī in eō quod poētae Latīnī nōn tōtum versum simul composuerint, vērum singulās incīsiōnēs sīve commata inter sē conjūnxerint ut tōtum facerent (quae sententia satis probātur vel ab illīs versibus imperfectīs quōs in Aenēidos librīs invenīmus). Multum itaque caesūram in compōnendīs versibus valēre dīcunt, parum aut nihil in prōnūntiandīs.

Nōs aliter sentīmus, et ūnā cum Quīntiliānō versum **distinguendum** esse crēdimus.[8] Itaque lēctōrī suādēmus, ut in caesūrae locō **subsistat** — item ut in fīne versūs fit — et ūnīus pedis (sīve quattuor temporum) spatium intermittat priusquam recitāre pergat. Atque idem spatium inter duōs versūs intermittur, itaque quisque versus octō pedum spatium occupābit et ad illōs modōs mūsicōs vulgātissimōs recitārī poterit quī "tempus imperfectum octōnārium" ab Aevō Mediō dictī sunt et hodiē ut "4/4" notantur:

1 *2* *3* || *4* *5* *6* *7* *8*

arma virumque canō [uu —] *Trojae quī prīmus ab ōrīs* [— —]

[8]Quīntiliānus, *Īnstitūtiō Ōrātoria*, 1.8.1.2

Hanc **pausam** faciendam esse crēdimus etiam sī **ēlīsiō in caesūrā** intervenīre videātur. Et sī brevis syllaba sequātur, ūnīus temporis spatium, sī longa, duōrum dē morā subtrahātur:

1 2 3 || 4 5 6 7 8

audītur tumulō, [uu] *et vōx reddita fertur ad aurās* [——]

Ubi -*ō* in "tumulō" ab "et" in versū scandendō ēlīditur, in recitandō autem **ēnūntiātur** ac post sē dīmidiī pedis spatium admittit.
Incīsiōnēs sīve caesūrae hexametrī haec sunt:

1. Omnium frequentissima est quae tertium pedem medium incīdit:

   [— uu | — uu | — || uu |...], ut in

   Hāc ubi damnātā || Fātīs tellūre locārunt

2. Longē rārior quae alteram partem dactylī:

   [— uu | — uu | — u || u |...]

   Ō passī graviōra! || dabit deus hīs quoque fīnem

3. Est quae quārtum pedem medium incīdit:

   [— uu | — uu | — uu | — || uu |...]

   Lātrātūs habet illa canum || gemitūsque lupōrum

4. Et quae medium pedem secundum:

   [— uu | — || uu |...]

   Atque hae duae saepe conjunguntur ut versum in trēs partēs incīdant:

   castra ducēs, || cūnctōs bellī || praesāga futūrī

   mēns agitat, || summīque gravem || discrīminis hōram

5. Dēnique est quae **būcolica** dīcitur ā **bovēs colendō**, ideō quod saepe in pāstōrālibus carminibus ūsurpātur, in hērōicīs perrārō; haec pedem quārtum ā quīntō dīvidit, neque medium incīdit, ut cēterae:

   [— uu | — uu | — uu | — uu || — uu | ——]

   Dīc mihi, Dāmoetā, cuium pecus? || an Meliboeī?

Hīs igitur locīs, cāre lēctor, praesertim sī interpūnctiōnis notam vidēbis, morāberis in recitandō. Sīn autem et pedem tertium incīdī vidēbis et secundum aut quārtum in eōdem versū, sēnsus ipse tibi saepe in quārtō aut secundō (aut utrōque) pede morārī cōnsulet potius quam in tertiō.

Vērum sī sēnsus omnī versūs incīsiōnī repugnāre vidēbitur, tunc suādēmus ut solitō locō in pede tertiō morēris. Namque ita poēta nostrā expectātiōne lūdit, dum ea quae in ōrātiōne prōsā nōn dīvidī solent dīvidit tamen, ut animōs audītōrum aurēsque arrēcta teneat et ad carmen attenta.

DE LVCANO POETA

Mārcus Annaeus Lūcānus, eques Rōmānus, annō XXXIX post Chrīstum Cordubae, oppidō Hispānō, nātus est. Pater ejus Mārcus Annaeus Mēla fuit, Lūcī Senecae philosophī frāter. Lūcānus juvenis in arte poēticā excellēbat adeō ut magnam glōriam laudemque Nerōnis Imperātōris cōnsequerētur. Quattuordecim opera scrīpsisse trāditur, sed ex hīs ūnum tantum nōbīs exstat: carmen epicum quod *Dē Bellō Cīvīlī* (sīve *Pharsālia*) īnscrībitur, cujus carminis partēs excerptās in hōc librō prōpōnimus.

Honōrēs variī ad Lūcānum ā Nerōne dēlātī sunt, sed posteā poēta in odium prīncipis incurrit ob invidiam. Nerō, quī ipse poēticīs honōribus studēbat, tam vehementer eximiam Lūcānī poēticam facultātem aemulābātur ut fāmam ejus premeret ac carmina pūblicē ostentārī prohibēret. Sīc ā Nerōne sprētus, Lūcānus nec verbīs nec factīs adversus imperātōrem pepercit, adeō ut quondam in lātrīnīs pūblicīs cum crepitum ventris magnum ēmīserat, hēmistichium Nerōnis prōnūntiāret:

"Sub terrīs tonuisse putēs!"[9]

Hīs audītīs, omnēs quī aderant dē lātrīnā fūgiērunt, īram Prīncipis in sē metuentēs.

Vacca grammaticus et Stātius poēta nōs docent Lūcānum carmen *Dē Incendiō Urbis* composuisse, in quō auctor Nerōnem dē urbis incendiō accūsāsse vidētur. Versūs Stātī citābimus quibus Calliopē Mūsa Lūcānum alloquitur atque facta ejus praenūntiat, quoniam carmen ipsum Lūcānī ad nostram aetātem nōn pervēnit:

"Dīcēs culminibus Remī vagantis
īnfandōs dominī nocentis ignēs."[10]

Id est "Nerōnis, quī per collēs Rōmānōs vagābātur, horribile incendium carmine narrābis."

[9] Suētōnius, *Dē Poētīs*, 47.18
[10] Stātius, *Silvae*, 2.7.60-61

Tantum odium Lūcānus in Nerōnem habuit, ut conjūrātiōnī Pīsōnis sē adderet, cujus participēs tyrannidem Nerōnis ēvertere atque Prīncipem ipsum per īnsidias interficere studēbant. Conjūrātiōne dētēctā, Nerō caedem Lūcānī jussit quī adhūc juvenis tantum vīgintī et quīnque annōrum mortem sibi cōnscīvit et ā vītā discessit annō LXV.

DE ERICTHONE

Sunt quī crēdant Ericthōnis nōmen prīmum apud Ovidium legī ("furiālis Ericthō"), vērum haec lēctiō nunc jam obsolēta est et in "Enȳō" corrigitur ab ēditōribus. Enȳō enim Bellōna Latīnē dīcitur, illa saeva dea bellī.

In ūnā Ericthōnis persōnā multae fābulae quae dē sāgīs Thessalīs narrābantur collātae sunt. Nam sī quis Rōmānōrum aut Graecōrum dē sāgīs et incantāmentīs et herbīs et pōtiōnibus magicīs loquerētur, ante omnia aut dē Aegyptiīs, aut dē Thessalīs cōgitāret. Haec enim gēns tam fortis ac ferōx esse crēdēbātur ut deōs nihil timērent, et nōn eōs ōrārent sī aliquid vellent, sed rītibus impiīs quaecumque vellent obtinērent. Et genus magīae praesertim horrendum exercēbant, quod necromantīa dīcitur. Quī id exercent, animās mortuōrum ab īnferīs ēvocant ut ea quae hominibus cognōscere nefās est, cognōscant tamen.

Nescīmus ergō unde Lūcānus Ericthōnis nōmen dūxerit, at vērī simile est id ab ipsō esse fictum, et vidētur cōnstāre ex vōcibus Graecīs quae sunt *ἐρι-, ἀρι-* (*eri-, ari-*, "per-, valdē") et *χθών* (*chthōn*, "terra"); sed etiam similiter sonat ac *ἐρέχθω* (*erechthō*) quod "discutere, concutere, quassāre" significat. Itaque doctī suspicantur lēctōrēs antīquōs id nōmen ut "eam quae terram quassat" esse interpretātōs - et ipsum fortasse Lūcānum quoque. Et quī librum nostrum leget, vidēbit Lūcānum narrāre, quōmodo Ericthō vōce suā terram concusserit, in eā fissūrās fēcerit et ipsōs īnferōs perterruerit!

Carmen Lūcānī dē Bellō Cīvīlī per multa saecula legēbātur, itaque Ericthōnis fāma dīvulgāta est. Et hōc factum est ut Ericthō in *Cōmoediā Dīvīnā*, carmine illō quod Dantēs Āligerius scrīpsit, appārēret. In eō carmine Vergilius poēta dīcit sē ab Ericthōne ad loca īnferōrum profundissima missum esse ut animam damnātam ēdūceret. Nec nōmen Ericthōnis post saecula Media memoriā hominum exiit: in tragoediā *Faust*, quam Jōhannēs Wolfgangus Goethius saeculō ūndēvīcēsimō ēdidit, Ericthō sē ā maledictīs poētārum dēfendit et pauca dē bellīs hominum loquitur.

VERA ET FICTA IN CARMINE LVCANI

Gnaeus Pompejus Magnus duōs fīliōs habuit, Gnaeum et Sextum. Eō tempore quō bellum cīvīle Rōmānum ortum est, Sextus vixdum vīgintī annōs explēverat et exercitum imperāre nōn poterat. Neque, ut appāret, umquam in Thessaliā fuit, namque Appiānus, rērum gestārum scrīptor, trādit Sextum Rōmam fūgisse et Lesbō cum mātre mānsisse, dum pater frāterque in Thessaliā pugnārent. Pompejō patre mortuō, ambō frātrēs duōs annōs contrā Caesarem pugnārunt, dōnec Gnaeus sōlus in Hispāniā cecidit; posthaec Sextus per septem annōs Siciliam dēfendit, dōnec fugātus, captus et occīsus est annō XXXV a.C.n.

Sed haec sunt vēra; Lūcānō autem, quī fābulam fictam narrat, duōs frātrēs quasi in ūnam persōnam conjungere licuit, ut poētīs fere licet.

Est mēnsis Sextīlis (quī posteā Augustus nōminābitur) annī XXXXVIII ante Chrīstum nātum, cum liber sextus carminis Lūcānī incipit. Pompēī amīcōrumque exercitūs Thessaliam dēfendunt Caesare ūnā cum amīcīs oppugnante. Praefectī legiōnibus senātōrēsque Pompejō vehementer suādent ut pugnam quam citissimē petat, atque hāc bellum trīste ac diūtinum fīniat. Paucī eōrum dubitant Pompēī partēs victrīcēs futūrās, rem suam in tūtō esse.

Postquam igitur mēnse Aprīlī in Epirō ad portum Durrachium pugnātum est neutrō imperātōre plānē victōre, uterque eōrum dīversīs viīs in Thessaliam vēnērunt ad locum nōn longē ab oppidō Palaepharsālō situm, quod nōmen Graecē "Pharsālum vetus" significat. Thessalia autem terra in tōtō orbe nōta est, populusque ejus timētur et ferōx atque indomitus esse crēditur. Vērum ante cēterōs Thessalōs illī sunt ferōcissimī quī, deōs minimē timentēs, artēs arcānās magicāsque exercent atque virī "magī," mulierēs "sāgae" appellantur ā Rōmānīs ...

DE BELLO CIVILI ROMANO

Cum librum incipiēs, lēctor, in mediīs rēbus tē subitō inveniēs: in Thessaliā apud Pharsālum oppidum Caesariānī et Pompejānī ad proelium sē parant. Ecce ergō excerpta quaedam prōpōnimus ex librō ab Eutropiō cōnscrīptō, cuj *Breviārium Historiae Rōmānae* titulus est. Ita, sī libēbit, memoriam rērum gestārum renovāre poteris.

"[19]*Hinc jam bellum cīvīle successit exsecrandum et lacrimābile, quō praeter calamitātēs quae in proeliīs accidērunt etiam populī Rōmānī fortūna mūtāta est. Caesar enim, rediēns ex Galliā victor, coepit poscere alterum cōnsulātum, atque ita ut sine dubietāte aliqua eī dēferrētur. Contrādictum est a Mārcellō cōnsule, ā Bibulō, ā Pompejō, ā Catōne, jussusque dīmissīs exercitibus ad urbem redīre. Propter quam injūriam ab Ārīminō, ubi mīlitēs congregātōs habēbat, adversum patriam cum exercitū vēnit. Cōnsulēs cum Pompejō senātusque omnis atque ūniversa nōbilitās ex urbe fūgit et in Graeciam trānsiit. Apud Epirum, Macēdoniam, Achajam Pompejō duce senātus contrā Caesarem bellum parāvit.*

[20]*Caesar vacuam urbem ingressus dictātōrem sē fēcit. Inde Hispāniās petiit. Ibi Pompēī exercitūs validissimōs et fortissimōs cum tribus ducibus, L. Āfrāniō, M. Petrejō, M. Varrōne, superāvit. Inde regressus in Graeciam trānsiit, adversum Pompejum dīmicāvit. Prīmō proeliō victus est et fugātus, ēvāsit tamen, quia nocte interveniente Pompejus sequī nōluit, dīxitque Caesar nec Pompejum scīre vincere et illō tantum diē sē potuisse superārī. Deinde in Thessaliā apud Palaepharsālum prōductīs utrimque ingentibus cōpiīs dīmicāvērunt. Pompēī aciēs habuit XL mīlia peditum, equitēs in sinistrō cornū sexcentōs, in dextrō quīngentōs, praetereā tōtīus Orientis auxilia, tōtam nōbilitātem, innumerōs senātōrēs, praetōriōs, cōnsulārēs et quī magnōrum jam bellōrum victōrēs fuissent. Caesar in aciē suā habuit peditum nōn integra XXX mīlia, equitēs mīlle.*

[21]*Numquam adhūc Rōmānae cōpiae in ūnum neque majōrēs neque meliōribus ducibus convēnerant, tōtum terrārum orbem facile subāctūrae, sī contrā barbarōs dūcerentur. Pugnātum tamen est ingentī contentiōne, victusque ad postrēmum Pompejus et castra ejus dīrepta sunt. Ipse fugātus Alexandrīam petiit, ut ā rēge Aegyptī, cuj tūtor ā senātū datus fuerat propter juvenīlem ejus aetātem, acciperet auxilia. Quī fortūnam magis quam amīcitiam secūtus occīdit Pompejum, caput ejus et ānulum Caesarī mīsit. Quō cōnspectō Caesar etiam lacrimās fūdisse dīcitur, tantī virī intuēns caput et generī quondam suī."*

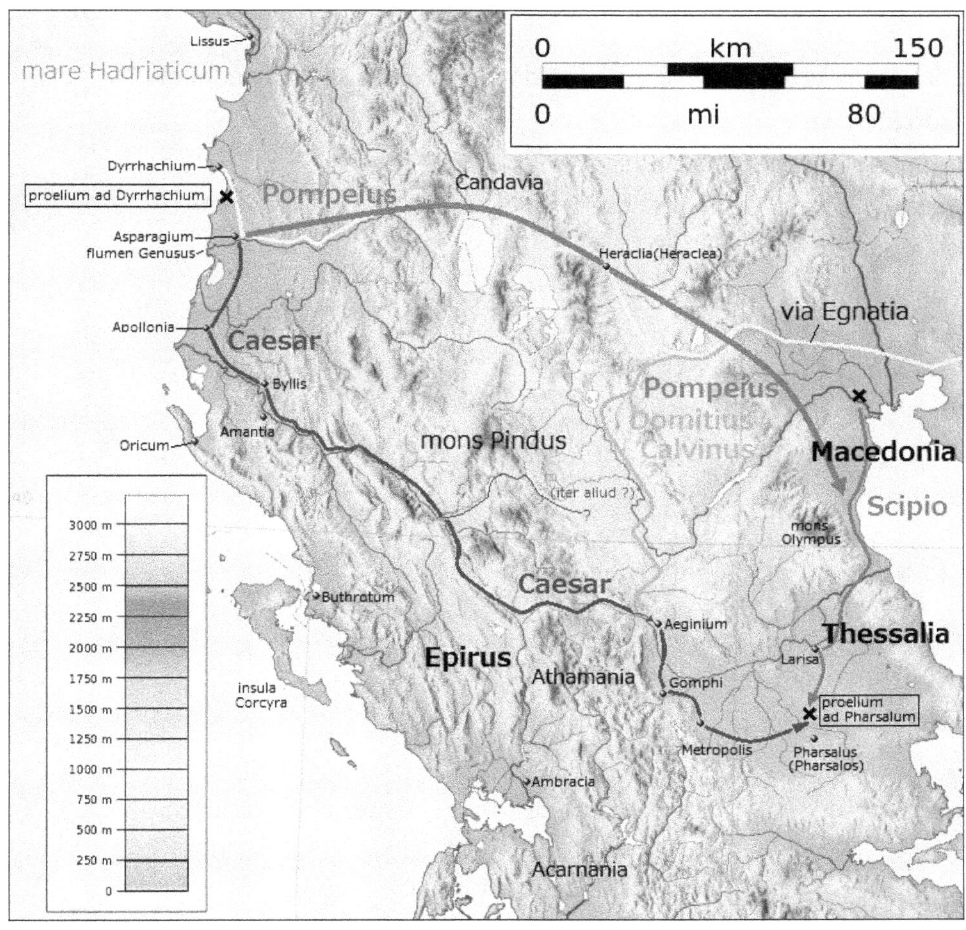

Haec tabula geōgraphica Thessaliam et rēs ā Caesariānīs et Pompejānīs illīc gestās ostendit.

NOTAE GRAMMATICAE

abl. = cāsus ablātīvus
acc. = cāsus accūsātīvus
adj. = nōmen adjectīvum
adv. = adverbium
dat. = cāsus datīvus
dēcl. Graeca = dēclīnātiō Graeca
f. = generis fēminīnī
f.pl. = generis fēminīnī, numerī plūrālis
gen. = cāsus genetīvus
hīc = (sēnsus longius trālātus aut dērīvātus et huic locō pecūliāris)
indēcl. = nōmen indēclīnābile
īnfīn. = modus īnfīnītīvus
item = (varium ūsum dēnotat)
m. = generis masculīnī
m.pl. = generis masculīnī, numerī plūrālis
mod. imper. = modus imperātīvus
n. = generis neutrī
n.pl. = generis neutrī, numerī plūrālis
nōm. = cāsus nōminātīvus
part. = nōmen participium
perf. = perfectum
pl. = numerus plūrālis
pl. prō sg. = numerus plūrālis prō singulārī positus
subst. = nōmen substantīvum
superl. = gradus superlātīvus
t. = tempus
v. bis trānsītīvum = verbum quod bīna complēmenta dīrēcta accipit
v. dēp. = verbum dēpōnēns
v. impers. = verbum impersōnāle
voc. = cāsus vocātīvus

VERSVS LVCANI
EXPLICATI ET ANNOTATI

SEXTVS MILITESQVE ROMANI PROELIVM ANXII EXSPECTANT

413-416

GRADVS PRIMVS

Thessalia est terra ā **Parcīs damnāta**. Postquam ducēs Rōmānī in hāc terrā īnfēlīcī castra posuērunt, statim omnēs mīlitēs ducēsque ānxiī fīunt. Namque animī eōrum bellum mox esse futūrum **praesentiunt** et grave tempus proelī appropinquāre plānē intellegunt. Proelium enim **discernet**, quis vīvat et quis moriātur.

GRADVS SECVNDVS

Ubi ducēs hāc **tellūre Fātīs** damnātā castra collocāvērunt, mēns bellī venientis **praescia** omnēs quī adsunt agitat. Atque appāret illīs hōram gravem summī **discrīminis** adventāre et fāta ultima jam appropinquāre.

LVCANI VERSVS

Hāc ubi damnātā Fātīs tellūre **locārunt**
castra ducēs, cūnctōs bellī **praesāga** futūrī
mēns agitat, summīque gravem discrīminis hōram
adventāre **palam est**, propius jam fāta movērī.

Parcae, ārum, ***f.pl.***: trēs deae sorōrēs quae fāta hominum deōrumque regunt, et ideō Fāta appellantur. Hae sunt Nōna sīve Clōthō, quae vītae fīlum net; Decima sīve Lachesis, quae id fīlum mētītur; Morta sīve Atropos, quae illud resecat; Moerae.
damnāre, āvī, ātum: (< damnum) improbāre; accūsāre.
praesentīre, īvī, ītum: futūra sentīre antequam fīant.
discernere, crēvī, crētum: rem ūnam ab aliā sēparāre.
tellūs, tellūris, ***f.***: terra.
fātum, ī, ***n.***: apud Stoicōs et Lūcānum est seriēs necessāria atque immūtābilis causārum et cōnsequentium, quae in aeternum cōnexa et implicāta sunt; id quod dēbet esse; aliquandō fortūnae oppōnitur, aliquandō adaequātur.
Fāta, ōrum, ***n.pl.***: Parcae.
praescius, a, um: quī futūra scit antequam fīant.
discrīmen, discrīminis, ***n.***: tempus quō discernitur utra rēs fīat, quō maximē dubitāmus et ānxiī sumus; perīculum extrēmum.
locārunt: = locāvērunt.
praesāgus, a, um: quī futūra scit antequam fīant; praescius.
palam est: (*adv.*) patet; appāret; manifestum est; per sē intelligitur.

417-420

GRADVS PRIMVS

Animī mīlitum Rōmānōrum parum nōbilēs sunt, itaque **trepidant** et dē ēventū adversō cōgitant. Paucī eōrum fortiōrēs sunt et nōn omnīnō dēspērant, sed spem victōriae metuī fugae miscent. Sed in hāc multitūdine hominum timidōrum erat **Sextus**, fīlius indignus patre suō, **Pompejō Magnō**.

Sex. Pompejus

GRADVS SECVNDVS

Trepidant animī mīlitum ignōbilēs atque pejōra cōgitant, et tantum paucī, **vīribus** animī collēctīs, et spem et metum **pariter** habent dum sē ad **cāsūs** dubiōs parant. Huic tamen **turbae** ignāvae Sextus erat mixtus, fīlius magnō suō parente indignus.

LVCANI VERSVS

Dēgenerēs trepidant animī **pejōra**que **versant**;
ad dubiōs paucī **praesūmptō rōbore** cāsūs
spemque metumque ferunt. turbae sed mixtus **inertī**
Sextus erat, magnō **prōlēs** indigna parente.

trepidāre, āvī, ātum: timōre tremere; timēre.
Sextus: Sextus Pompejus, Gnaeī Pompēī Magnī fīlius, quī in bellō cīvīlī Rōmānō contrā triumvirātum Gāī Octāvī pugnāvit.
Pompejus Magnus: Gnaeus Pompejus Magnus, imperātor praeclārissimus, quī ter Rōmae triumphāvit et in bellō cīvīlī fuit Gāī Jūlī Caesaris inimīcus; pater Sextī Gnaeīque. "Pompejus Magnus" et "magnus parēns" hīs in versibus lūsum verbōrum efficiunt.
vīrēs, vīrium, *f.pl.*: fortitūdō; potentia; virtūs.
pariter: (*adv.*) parī modō; omnīnō similiter; aequē.

cāsus, ūs, *m.*: quicquid incertī quod accidit aut accidet, ēvēnit aut ēveniet; factum aut futūrum inexpectātum; ēventus; fortūna.
turba, ae, *f.*: multitūdō hominum.
dēgener, eris: (*adj.*) ignōbilis; cuj virtūs majōrum suōrum deest.
pejōra = pejjōra: /j/ cōnsonāns intrā ūnum verbum gemina sonat, itaque syllabam longam ante sē facit, quamquam vōcālis brevis est; item in **Pompejō**. Vidē pāginam xxiii sub litterā K.
versāre, āvī, ātum: (< vertere) in animō volvere; cōgitāre.
praesūmere, sūmpsī, sūmptum: in praeparandō sūmere; ante colligere.
rōbor, oris, *m.*: firmitās; fortitūdō; vīrēs; virtūs; **rōborem praesūmere**: = vīrēs acquīrere sīve firmāre.
iners, tis: (*adj.*) piger; ignāvus; timidus.
prōlēs, is, *f.*: fīlius vel fīlia; prōgeniēs.

Gn. Pompejus Magnus

SEXTVS SVPERIS FIDEM NVLLAM HABET

430-434

GRADVS PRIMVS

āra

Ille Sextus arcāna malōrum **magōrum** nōverat, quae deīs suprā habitantibus odiōsa sunt, et quōmodo **sacra fūnebria** in **ārīs** trīstibus fierent; igitur deōs **īnferōs**, nec **superōs**, colēbat. Namque appārēbat miserō īnsānōque Sextō deōs superōs dē rēbus futūrīs nōn multa scīre nec multa sibi aperīre posse.

GRADVS SECVNDVS

Sextus enim arcāna saevōrum magōrum nōverat deīs supernīs dētestābilia, et trīstēs ārās sacrīs fūnebribus dicātās, et **umbrārum** Plūtōnisque fidem. Atque **liquēbat** miserō Sextō deōs superōs pauca scīre.

LVCANI VERSVS

[— uu — uu — uu — uu] Ille supernīs
dētestanda deīs saevōrum arcāna magōrum
nōverat et trīstīs **sacrīs fērālibus** ārās,
umbrārum **Dītis**que fidem, miserōque liquēbat
scīre parum superōs ...

magus, ī, *m.*: homō doctus et sapiēns, quī magīae et arcānīs nātūrae studet; augur.

sacrum, ī, *n.*: (*saepius pl.*) rītus sīve caerimōnia deīs sacra.

fūnebris, e: (< fūnus, *adj.*) ad fūnera aut mortuōs pertinēns.

āra, ae, *f.*: altārium.

īnferī, ōrum, *m.pl.*: illī quī īnfrā sunt, *hoc est* sub terrā; omnēs incolae rēgnī īnfernī, in quibus Plūtō, Parcaeque cēterīque deī, animaeque hominum mortuōrum; mortuī; ↔ superī.

superī, ōrum, *m.pl.*: illī quī suprā sunt; deī quī in regiōnibus caelestibus supernīsque habitant, in quae tamen loca animae mortālium ascendere nōn possunt; ↔ īnferī.

umbra, ae, *f.*: anima et imāgō hominis mortuī; **umbrae** = mortuī.

liquēre, liquet, liquit *et* licuit + *dat.*: (*v. impers.*) appārēre velut in aquā pūrā; certum vidērī; plānē intelligī.

dētestandus, a, um: (< dētestārī, *gerundīvum*) quem dētestantur, male ōdērunt, odiō maximō habent; dētestābilis.

sacrīs /sak.(k)rīs/: (*hīc*) spondēus [——]. Vidē pāginam xxii dē "mūtā cum liquidā".

fērālis, e: (*adj.*) ad mortuōs pertinēns; fūnebris.

Dīs, Dītis, *m.*: (< dīves *et* dīvus) Dīs Pater sīve Plūtō, rēx ille īnfernus.

Plūtō vel Dīs Pater, īnferōrum rēx

434-437

GRADVS PRIMVS

Hanc magnam sed **futtilem** īnsāniam Sextī et ipsa terra Thessalia **auget**, et praecipuē oppidum ubi **sāgae** Thessalae habitant, quod nōn longē ā castrīs Rōmānīs abest. Sāgae enim illae omnem fābulam fictam ac mōnstruōsam facile **excēdunt** quoniam et vērās rēs etiam magis mōnstruōsās, et omnia incrēdībilia facere sciunt.

GRADVS SECVNDVS

Vānum saevumque furōrem Sextī etiam ipse locus auget, necnōn **Haemonidum** moenia castrīs Rōmānīs vīcīna. Haemonides enim, quārum quidquid nōn crēditur ars est, nūlla **licentia** mōnstrī fictī umquam **transierit**.

LVCANI VERSVS

[— uu — uu —] Vānum saevumque furōrem
adjuvat ipse locus vīcīnaque moenia castrīs
Haemonidum, fictī quās nūlla licentia mōnstrī
trānsierit, quārum quidquid nōn crēditur ars est.

futtilis, e (*item* fūtilis): (*adj.*) quī nihil efficere potest; vānus; inānis.
augēre, auxī, auctum: majus facere; amplificāre.
sāga, ae, *f.*: mulier sagāx et āstūta et artium magicārum perīta.
excēdere, cessī, cessum: majōrem aut fortiōrem esse; vincere; superāre.
vānus, a, um: quī nihil efficere potest; futtilis; inānis.
Haemonis, idis, *pl.* idēs, idum, *f*.: (*dēcl. Graeca*) mulier in terrā Haemoniā seu Thessaliā nāta; Thessala.
licentia, ae, *f.*: (< licēre) dissolūta facultās vel potestās faciendī.
trānsīre, iī et īvī, itum: (*hīc*) anteīre; superāre; excēdere.

THESSALIA TERRA MAGICA ATQVE FERA

438-448

GRADVS PRIMVS

Praetereā ipsa terra Thessalica et herbās noxiās in montibus crēscere fēcit et saxa quae carmina magōrum audiunt cum illī magī carminibus arcānīs fūnebribusque saxa atque terram ipsam **incantant**. Herbae quae ibi crēscunt etiam deōs vī compellere possunt! Et carmina impia saevōrum Thessalōrum tam **efficācia** sunt ut ā deīs superīs **animadvertantur**, quamquam īdem carmina multārum aliārum gentium nōn animadvertunt.

apollināris sīve hyoscyamus, herba noxia

GRADVS SECVNDVS

Quīn etiam ipsa tellūs Thessala et herbās nocentēs rūpibus **ingenuit** et saxa magōs sēnsūra, cum illī magī arcānum fērāle canunt. Ibi plūrimae rēs surgunt quae **deīs vim facere** possunt. Carmina impia **dīrae** gentis Thessalicae aurēs **caelicolārum** convertunt, quamquam eaedem aurēs tot populīs totque gentibus **surdae** sunt.

LVCANI VERSVS

Thessala quīn etiam tellūs herbāsque nocentēs
rūpibus ingenuit sēnsūraque saxa canentēs
arcānum fērāle magōs. ibi plūrima surgunt
vim factūra deīs [...]
inpia tot populīs, tot surdās gentibus aurēs
caelicolum dīrae convertunt carmina gentis!

praetereā: (*adv.*) praeter ea quae dicta sunt; cēterum; adde quod.
incantāre, āvī, ātum: carmine magicō magicum facere; fascināre.
efficāx, ācis: (*adj.*) quī vim effectumque habet.
animadvertere, tī, sum: (< animum advertere) sēnsibus percipere; agnōscere.
ingignere, genuī, genitum: efficere ut aliquid alicubi nāscātur et crēscat; orīginem dare.
alicuj vim facere: violentiam aut injūriam alicuj īnferre; vī compellere.
dīrus, a, um: terribilis; saevus.
caelicolae, ārum, *m.pl.*: illī quī caelum incolunt, *hoc est* in caelō habitant; deī superī.
surdus, a, um: quī aut parum aut omnīnō nōn audit.
caelicolum: = caelicolārum.

Jūnō et Juppiter, rēx et rēgīna caelicolārum

492-495

GRADVS PRIMVS

Cūrnam deī superī carmina Thessalōrum audiunt, cūr herbārum vī compelluntur? Cūr animadvertunt illōs **rītūs**? Num jussa Thessalōrum **negligere** timent? Quaenam **cōnsuētūdō** deōs ipsōs Thessalīs **obligāvit**? Num necesse est ut deī Thessalīs **pāreant**, an hōc modō dēlectantur?

GRADVS SECVNDVS

Unde est superīs hic labor ac studium **cantūs** herbāsque sequendī? Unde hic **spernendī** timor? Cujus modī **commercia** deōs ipsōs obligāvērunt? Num necesse est deōs pārēre, an juvat?

LVCANI VERSVS

Quis labor hic superīs cantūs herbāsque sequendī
spernendīque timor? cujus commercia **pactī**
obstrictōs habuēre deōs? pārēre necesse est,
an juvat? ...

rītus, ūs, *m*.: modus quō rēs sacrae aut profānae fiunt; caerimōnia.
negligere, lēxī, lēctum: (< nec + legere) nōn cūrāre; nōn auscultāre; nōn animadvertere.
cōnsuētūdō, inis, *f*.: nōtitia et ūsus inter hominēs magis familiāris.
obligāre, āvī, ātum: facere ut aliquis dēbeat.
pārēre, uī, itum: facere quod aliquis jubet.
cantus, ūs, *m*.: cantiō; carmen.
spernere, sprēvī, sprētum: dēspicere; contemnere; prō nihilō putāre.
commercium, ī, *n*.: (< com + merx) condiciōnēs dandī accipiendīque; cum alter alterī beneficia dat; cōnsuētūdō quae hominēs jungit.
quis labor + gen.: quid opus est?; **quis labor hic herbās sequendī?** = quārē hunc labōrem patiuntur ut sequantur ea quae herbae jubent?
pactum, ī, *n*.: (< pacīscī *et* pacāre) condiciō; modus.

obstringere, strīnxī, strictum: obligāre; facere ut aliquis dēbeat; dēvincīre.
habuēre: = habuērunt.
obstrictum habuisse: = obstrīnxisse (*t. perf. periphrasticum*).

sāga umbram alloquitur

495-499

GRADVS PRIMVS

Num propter quandam pietātem Thessalī deīs superīs tam grātī sunt, an tantam potestātem **obtinent** quia deī eōs timent? Num Thessalī omnēs superōs eōdem modō compellere possunt? An est quīdam ūnus deus cuj imperant carminibus suīs? Is deus fortasse quī mortālēs jubēre potest quidquid ipse jubētur?

GRADVS SECVNDVS

Num Thessalī pietāte quādam ignōtā tam multum apud superōs **merentur**, an tacitīs minīs **valuērunt**? Num in omnēs superōs est illīs tanta potestās, an habent sua carmina certum deum cuj imperent, quī quidquid ipse **cōgitur**, id et mundum cōgere potest?

LVCANI VERSVS

[— uu] Ignōtā tantum pietāte merentur,
an tacitīs **valuēre** minīs? **hoc jūris** in omnīs
est illīs superōs, an habent haec carmina certum
imperiōsa deum, quī mundum cōgere quidquid
cōgitur ipse potest?

obtinēre, tinuī, tentum: accipere et tenēre; habēre; possidēre.
merērī, itus: (*v. dēp.*) dignum esse; prō factīs suīs aut poenam aut praemium accipere.
valēre, uī: ea quae petās obtinēre posse.
cōgere, coēgī, coāctum: (< com + agere) eum quī nōn vult ad aliquid faciendum compellere.
valuēre: = valuērunt.
jūs, jūris, *n.*: lēgēs, potestās ac potentia.
hoc jūris: tantum jūris; haec potestās.
jūs habēre in aliquem: aliquem jubēre posse.
imperiōsus, a, um: quī imperāre potest; potēns et valēns.

ERICTHO SAGA SAEVISSIMA

507-509

GRADVS PRIMVS

Ericthō cor hūmānum vorāns

Omnēs gentēs populīque Thessalōs timent, quia eōs nēminem, nē deōs quidem, timēre crēdunt. Ericthō tamen etiam saevior erat quam cēterī Thessalī! Illa rītūs eōrum impiōs nōn satis horrendōs esse putāverat, itaque hōs rejēcerat et novōs rītūs etiam magis impiōs invēnerat magicīs suīs artibus.

GRADVS SECVNDVS

Ericthō **effera** hōs[1] **scelerum** rītūs et haec[1] crīmina dīrae gentis Thessalicae nimiae pietātis **condemnāverat**, et ad novōs rītūs creandōs artem suam **pollūtam** adhibuerat.

LVCANI VERSVS

Hōs scelerum rītūs, haec dīrae crīmina gentis
effera **damnārat** nimiae pietātis Ericthō
inque novōs rītūs pollūtam dūxerat artem.

efferus, a, um: nimis ferus; saevus; immānis.
scelus, eris, *n.*: facinus impium; maleficium; crīmen.
[1] **hōs rītūs et haec crīmina**: anteā (v. 445-491 et 500-506) Lūcānus multōs variōsque rītūs horrendōs dēscrīpserat, nōs autem haec omīsimus.
condemnāre, āvī, ātum: damnāre; improbāre; accūsāre.
pollūtus, a, um: (< polluere) foedus; perversus.
damnārat: = damnāverat.

510-515

GRADVS PRIMVS

Ericthōnī, quia arcāna mortuōrum nōvit, nōn licet domōs in urbibus intrāre. Illa, quoniam ā deīs īnferīs dīligitur, in sepulchrīs habitat, postquam umbrās mortuōrum inde expulsit. Quamquam vīva est, tamen et mortuōs audit et rēgnum arcānaque Plūtōnis nōvit. Et deī superī hās rēs eī facere **sinunt**.

GRADVS SECVNDVS

Nōn vērō licet illī caput suum fūnebre in aedificia urbāna neque in domōs prīvātas mittere. Sed, quoniam deīs īnferīs grāta est, **busta** et **tumulōs** incolit, umbrīs mortuōrum expulsīs. Nec vīta nec deī superī prohibent quīn conventūs umbrārum audiat aut domōs īnferōrum et arcāna Plūtōnis nōverit.

LVCANI VERSVS

Illī namque **nefās** urbis summittere **tēctō**
aut **laribus** fērāle caput, dēsertaque busta
incolit et tumulōs expulsīs obtinet umbrīs
grāta deīs **Erebī**. **coetūs** audīre **silentum**,
nōsse domōs **Stygiās** arcānaque **Dītis opertī**
nōn superī, nōn vīta **vetat** ...

sepulchra dēserta

sinere, sīvī *et* siī, situm: permittere; patī.
bustum, ī, *n.*: locus ubi cadāver cremātur aut sepelītur; pyra aut sepulchrum.
tumulus, ī, *m.*: terra accumulāta ubi mortuus sepelītur; sepulchrum.
nefās, *n.*: (*indēcl.*) id quod deī vel nātūrae lēgēs prohibent; **nefās (est)** = nōn licet.
tēctum, ī, *n.*: id quod tegit; summa pars domūs.
larēs, um *et* ium, *m.pl.*: animae majōrum quī domum et familiam custōdiunt; item imāginēs eōrum atque effigiēs quae domī in ārā parvā quae larārium dīcitur servantur; (*hīc*) ipsa domus familiāris.
Erebus, ī, *m.*: loca subterrānea ubi Orcus vel Plūtō rēgnat; rēgnum īnfernum; īnferī.
coetūs silentum: animae mortuōrum congregātae; umbrae.
nōsse: = nōvisse.
Stygius, a, um: (< Styx) ad īnfernum illud flūmen palūdinōsum quod animae mortuōrum trānsīre dēbent pertinēns; īnfernus.
Dīs opertus: Plūtō quī terrā opertus est quia sub eādem habitat.
vetāre, uī, itum: interdīcere; prohibēre; ↔ sinere; ↔ permittere.

pictūra in larāriō Pompejānō in quā sacrficium duōbus laribus dēpictum est

ERICTHO SAGA FOEDISSIMA

515-520

GRADVS PRIMVS

Ericthō foeda ac **tenuis** est ut cadāver. Quoniam in sōle numquam ambulat, faciem omnīnō pallidam et capillōs turbātōs horridōsque habet; itaque faciēs ejus terribilis etiam terribilior fit. Dum sōl lūcet, ē tumulīs ubi habitat exīre nōn solet. Sī autem tempestātēs **oriuntur**, tum sāga illa Thessala ē tumulīs exit ubi nihil jam remanet, et nocturna **fulmina** capere temptat.

comae incōmptae impexaeque

GRADVS SECVNDVS

Vultum Ericthōnis profānae sordida **maciēs** occupat. Caelum tranquillum faciem ejus terribilem nōn nōvit, quae ob īnfernum pallōrem et **comās incōmptās** etiam terribilior esse vidētur. Sīn autem tempestās et imber et ātrae nūbēs caelum **obdūcunt**, tunc sāga illa Thessala bustīs **spoliātīs** ēgreditur et fulmina nocturna captat.

LVCANI VERSVS

[— uu — uu — uu —] Tenet **ōra** profānae
foeda sitū maciēs, caelōque ignōta serēnō
terribilis Stygiō faciēs pallōre **gravātur**
inpexīs onerāta comīs; sī nimbus et ātrae
sīdera subdūcunt nūbēs, tunc Thessala nūdīs
ēgreditur bustīs nocturnaque fulmina captat.

tenuis, e: (*adj.*) ↔ crassus.
orīrī, ortus: nāscī; appārēre; fierī.
fulmen, inis, *n.*: id quod Juppiter jactat; ignis caelestis; fulgur.
vultus, ūs, *m.*: faciēs.
coma, ae, *f.*: capillī.
incōmptus, a, um: (< in + cōmere) incultus; inōrnātus; incompositus;
obdūcere, dūxī, ductum: velut veste operīre; occultāre.
spoliātus, a, um: (< spoliāre) unde omnia pretiōsa rapta atque ablāta sunt.
ōra, *gen. nōn legitur, n.pl.*: (< ōs) vultus; faciēs.
situs, ūs, *m.*: longa ac squālida neglegentia; **foeda sitū** = foeda propter diūtinam neglegentiam.
maciēs, ēī, *f.*: eximia aut nimia tenuitās.
gravāre, āvī, ātum: graviorem, *hoc est* pejorem facere.
impexus, a, um (inp-): (< in + pectere) incōmptus; horridus.
onerāre, āvī, ātum: graviorem, *hoc est* pejorem facere.

fulmina nocturna

ERICTHO SAGA CRVDELISSIMA

521-526

GRADVS PRIMVS

Ericthō agrōs arātōs pedibus premere et igne ūrere solet — frūmentum enim crēscere nōn vult. **Aurās** quoque spīrandō contāminat et lētālēs facit. Deōs superōs nōn ōrat, carmine humilī auxilium ab iīs nōn petit, sacrificia nōn facit. Immō vērō gaudet illa cum **facēs fūnereās** et **tūra** ā tumulīs aufert eaque ārīs deōrum impōnit, quia sīc utrumque dēsecrat.

GRADVS SECVNDVS

Frūmentī fertilis sēmina pedibus **calcāvit combussit**que, et aurās **salūbrēs** spīrandō contāmināvit ac mortiferās fēcit. Et deōs superōs nōn ōrat neque ab iīs cantū **supplice** auxilium petit neque umquam **exta** sacrificāvit, vērum fūnereās flammās et tūra quae ā tumulō **accēnsō** rapuit ārīs deōrum impōnere gaudet.

LVCANI VERSVS

Sēmina **fēcundae segetis** calcāta **perussit**
et nōn **lētiferās** spīrandō perdidit aurās.
nec superōs ōrat nec cantū supplice **nūmen**
auxiliāre vocat nec **fibrās** illa **litantīs**
nōvit: fūnereās ārīs inpōnere flammās
gaudet et accēnsō rapuit quae tūra sepulchrō.

aura, ae, *f.*: ventus lentē spīrāns.
fax, facis, *f.*: īnstrūmentum scēptrī simile, dē lignō aut aliā māteriā, quod manū tenendō prae nōs portāmus ut viam illūstrēmus; taeda.
fūnereus, a, um: ad funera pertinēns; fūnebris.
tūs, tūris, *n.*: rēsīna siccāta odōrifera quae dē arbore Arabicā colligitur et in honōrem deōrum in templīs incenditur; oleum lībanī.

salūbris, e: (*adj.*) bonam valētūdinem afferēns.
calcāre, āvī, ātum: pede premere.
combūrere, bussī, bustum: tōtum ūrere; cremāre.
supplex, icis: (*adj.*) ōrāns; precāns; humilis.
exta, ōrum, *n.pl.*: cor, pulmōnēs, jecur et cētera; vīscera.
accēnsus, a, um: (< accendere) quī combūritur.
fēcundus, a, um: quī multās frūgēs fert; fertilis.
seges, etis, *f.*: frūmentum dum in agrō crēscit.
perūrere, ussī, ustum: bene aut vehementer ūrere.
perussit; perdidit; rapuit: *t. perf.* prō praesentī saepe positum est ā poētīs et facta solita ac mōrēs dēmōnstrat.
lētifer, a, um: lētum, *hoc est* mortem afferēns; mortifer.
nūmen, inis, *n.*: voluntās et potentia deōrum; dīvīnitās; deus.
fibrae, ārum, *f.pl.*: (*hīc*) vīscera.
litāre, āvī, ātum: sacrificiīs deōs plācāre ut vōta precēsque audiant; **litantīs** (*acc.*) = (*hīc*) quae deīs placēre dēbent; plācantēs.

litātiō

527-532

GRADVS PRIMVS

Sī deī caelestēs Ericthōnem **precantem** umquam audiunt, statim dant omnia horribilia quae illa petit, et timent audīre **precem** etiam magis vehementem! Illa etiam vīvōs moventēsque hominēs in tumulīs sepelit, et **Mortem** cōgit eōs rapere quī diūtius vīvere dēbēbant! Illa invertit omnia cum mortuōs sepulchrīs nōn īnfert, vērum inde redūcit, atque ita mortuōs mortem fugere sinit.

GRADVS SECVNDVS

Cum prīmum superī vōcem Ericthōnis precantis audiunt, omnia **nefāria** quae illa quaerit statim concēdunt, et timent audīre precem secundam! Illa etiam hominēs vīventēs, quī adhūc membra sua movēre poterant, in tumulīs sepelīvit: itaque, quamquam Fāta illīs adhūc annōs dēbēbant, tamen Mors **invīta** subitō vēnit. Illa corpora ā tumulīs redūxit, fūnebrī **pompā** perversā: itaque cadāvera mortem fūgērunt!

LVCANI VERSVS

Omne nefās superī prīmā jam vōce precantis
concēdunt carmenque timent audīre secundum!
vīventīs **animās** et adhūc sua membra regentīs
īnfōdit bustō: Fātīs dēbentibus annōs
Mors invīta **subīt**! perversā fūnera pompā
rettulit ā tumulīs: **fūgēre** cadāvera **lētum**!

precārī, ātus: (*v. dēp.*) vehementer rogāre; deōs aliōsve potentēs ōrāre.

prex, precis, *f.*: verba quibus deōs aliōsve potentēs ōrāmus.

Mors, Mortis, *f.*: dea quae mortem affert; fīlia Erebī Noctisque.

nefārius, a, um: (< nefās) maximē impius; dētestābilis.

invītus, a, um: nōlēns.

pompa, ae, *f.*: sollemnis multitūdō hominum quī ūnā viā prōcēdunt; agmen.

anima, ae, *f.*: āēr quō spīrāmus; spīritus; vīta; *(hīc)* homo.

īnfodīre, fōdī, fossum: sepelīre; terrae dare.

subīt: = subiit sīve subīvit.

fūgēre: = fūgērunt.

lētum ī, *n.*: mors.

mortuī laetī saltant

533-537

GRADVS PRIMVS

Ericthō rapit et **cinerēs**, et ossa juvenum in **rogīs** combustōrum, et ipsam facem quā parentēs corpora līberōrum ignibus dedērunt. Colligit et cinerēs rogī vestiumque quae per **fūmum** volant, et **favillās** quae adhūc odōrem corporum combustōrum reddunt.

GRADVS SECVNDVS

Juvenum cinerēs adhūc **fūmantēs**, et ossa adhūc ārdentia, et ipsam facem quam parentēs eōrum tenuērunt ē mediīs rogīs rapit illa. Atque lectī fūnebris fragmenta nigrō fūmō volantia, et vestēs per āera fluentēs, et favillās membra hūmāna **olentēs** — omnia in cinerēs colligit.

LVCANI VERSVS

Fūmantīs juvenum cinerēs ārdentiaque ossa
ē mediīs rapit illa rogīs ipsamque parentēs
quam **tenuēre** facem; nigrōque volantia fūmō
fērālis fragmenta **torī** vestēsque fluentīs
colligit in cinerēs et olentīs membra favillās.

cinis, eris, ***m.***: pulvis quī post rēs combustās remanet.
rogus, ī, ***m.***: ligna accumulāta ubi cadāver cremātur; pȳra fūnebris; bustum.
fūmus, ī, ***m.***: vapor ille niger quem ignis mittit.
favilla, ae, ***f.***: cinis candēns quod post ignem exstīnctum remanet.
fūmāre, āvī, ātum: fūmum ēmittere.
olēre, uī: odōrem ēmittere; redolēre.
tenuēre: = tenuērunt.
torus, ī, ***m.***: lectus pretiōsior.

SEXTVS ERICTHONEM PETIT

570-573

GRADVS PRIMVS

Rūmōrēs fābulaeque horribilēs locum ubi Ericthō habitābat Sextō Pompejō aperuērunt. Itaque, dum sōl sub orbe terrārum lūcet et illīc medius diēs est, hīc autem super terram media nox, statim Sextus ad eum locum per agrōs dēsertōs iter facit.

GRADVS SECVNDVS

Simul ut fāma ejus locī ubi Ericthō habitābat hanc Sextō Pompejō **prōdidit**, is altā nocte, eō tempore quō **Tītān** sub nostrā tellūre medium diem dūcit, per **arva** dēserta iter carpit.

LVCANI VERSVS

Hanc ut fāma locī **Pompejō** prōdidit, altā
nocte **polī**, Tītān medium quō tempore dūcit
sub nostrā tellūre diem, dēserta per arva
carpit iter ...

simul ut: (*adv.*) statim postquam; cum prīmum.
prōdere, didī, ditum: apertum vel nōtum facere; dētegere.
Tītān, Tītānis, *m.*: Sōl, nūmen sōlāre, aliās Hēlius, aliās cum Apolline Phoebus appellātus; sōl.
arvum, ī, *n.*: ager, praecipuē ab agricolīs cultus.
Pompejō = Pompejjō: /j/ cōnsonāns intrā ūnum verbum posita duplex est, et sīc syllabam longam ante sē facit, quamquam vōcālis brevis est. Vidē pāginam xxiii sub litterā K.
polus, ī, *m.*: cardō ille geminus in quō caelum vertitur; vertex; (*hīc*) caelum.

SOL
Polidorus. Inue.
Sculptor.

573-576

GRADVS PRIMVS

Sociī et participēs fidēlēs Sextī Pompēī quī semper in crīminibus eī adjuvant, postquam inter tumulōs apertōs et busta ambulāvērunt, Ericthōnem in altō saxō sedentem cōnspexērunt, in **Haemō** monte, quī pars est montium Pharsālicōrum.

GRADVS SECVNDVS

Fīdī suētīque sociī Sextī Pompēī quī scelera ejus ministrāre solent, postquam circum tumulōs effrāctōs et busta **vagātī** sunt, Ericthōnem in **caute** asperā sedentem cōnspexērunt, in eā parte ubi mōns Haemus dēclīvis **juga** Pharsālica extendit.

LVCANI VERSVS

[— uu —] Fīdī scelerum **suētī**que ministrī
effrāctōs circum tumulōs ac busta vagātī
cōnspexēre procul **praeruptā** in caute sedentem,
quā juga **dēvexus** Pharsālica **porrigit** Haemus.

cautēs

Haemus, ī, *m.*: mōns Thrāciae.
vagārī, ātus: (*v. dēp.*) errāre; hūc illūc ambulāre.
cautēs, is, *f.*: saxum magnum, acūtum et ēminēns; rūpēs.
jugum, ī, *n.*: mōns longus, saepe collibus cīnctus et in quō ūnus vertex nōn vidētur.
suētus, a, um: (< suēscere) quī eadem saepe facit atque facere assuēvit; sollemnis; solitus.
cōnspexēre: = cōnspexērunt.
praeruptus, a, um: (< praerumpere) quī subitō fīnītur vel dēsinit; arduus; asper.
quā: (*adv.*) quā viā; per quem locum; in quā parte.
dēvexus, a, um: (< dēvehere) dēclīvis; inclīnātus.
porrigere, rēxī,rēctum: extendere; prōtendere.

montēs et juga Graeca

SEXTVS FATA SCIRE QVAERIT

589-595

GRADVS PRIMVS

Prīmō **ignāvus** fīlius Pompēī Magnī dīcit Ericthōnī: "Ō dignissima Thessalārum, tū hominēs fāta docēre et futūra mūtāre potes, tē rogō ut mē doceās quis in bellō vincat. Nōn homō **plēbējus** nec pars turbae Rōmānae, sed Pompēī Magnī fīlius sum **nōbilissimus**: fāma mea posteritātī trādētur, sīve imperātor erō, sīve magnam ruīnam familiae meae post mortem patris accēperō."

GRADVS SECVNDVS

Ignāvus fīlius Pompēī Magnī eam prior alloquitur: "Ō **decus** Thessalārum, quae fāta populīs aperīre et futūra dē cursō suō flectere potes, tē ōrō ut mihi liceat **nōscere** quem certum bellī fīnem Fortūna nōbīs datūra sit. Nōn ego sum pars turbae Rōmānae, vērum Pompēī Magnī clārissima prōlēs, sīve rērum dominus futūrus, sīve **hērēs** tantī **fūneris**."

LVCANI VERSVS

Quam prior **adfātur** Pompēī ignāva **propāgō**.
"ō decus Haemonidum, populīs quae **pandere** fāta
quaeque suō **ventūra** potes dēvertere cursū,
tē precor ut certum liceat mihi nōscere fīnem
quem bellī Fortūna paret! nōn ultima turbae
pars ego Rōmānae, Magnī clārissima prōlēs,
vel dominus rērum, vel tantī fūneris hērēs."

ignāvus, a, um: iners; piger; dēbilis; timidus.
plēbējus, a, um: (< plēbēs) nātus ex pauperrimō ōrdine populī Rōmānī.
nōbilis, e: (*adj.*) quem multī nōvērunt et dīligunt; celeber; clārus.
decus, oris, *n.*: rēs quae aliquid vel aliquem ōrnat; ōrnāmentum; homō dignissimus.
nōscere, nōvī, nōtum: cognōscere; discere.
hērēs, ēdis, *m.*: cuj bona parentis aut alterīus hominis mortuī trādenda sunt.
fūnus, eris, *m.*: mors et ruīna.
quam: Ericthōnem.
affārī, fātus (adf-): (*v. dēp.*) alloquī.
propāgō, inis, *f.*: prōgeniēs; fīlius seu fīlia.
pandere, pandī, passum (pānsum): apertum nōtumque facere.
ventūrum, ī, *n.*: id quod posthaec veniet; futūrum.

ERICTHO FVTVRA FACILE APERIRE POTEST

615-618

GRADVS PRIMVS

Ericthō Sextō Pompejō plūra respondet et haec addit: "Sed sī tibi satis est futūra scīre, neque ea mūtāre vīs, facile vērum cognōscēs: terra et caelum et loca subterrānea et maria et campī ac saxa Thessalica nōbīs futūra dīcent."

GRADVS SECVNDVS

"Sed sī **praenōscere** fāta **contentus es**, multī facilēsque **aditūs** ad vērum dūcent: terra, caelum, **chaos**, maria et campī saxaque Thessalica nōbīs loquentur."

LVCANI VERSVS

[— uu — uu —] "Sed sī praenōscere cāsūs
contentus, facilēsque aditūs multīque **patēbunt**
ad vērum: tellūs nōbīs aetherque chaosque
aequoraque et campī **Rhodopaea**que saxa loquentur."

praenōscere, nōvī, nōtum: ante cognōscere; dīvīnāre.
contentus, a, um: quī satis habet et plūra nōn rogat.
aditus, ūs, *m.*: (< adīre) via quā aliquō venīre possumus; accessus.
chaos, *gen.* –, *acc.* chaos, *abl.* chaō, *n.*: spatium vāstum caecum et vacuum vel ināne, quod sub terrā est; rēgnum īnfernum.
patēre, uī: apertum esse; facilem aditum habēre.
Rhodopaeus, a, um: ad Rhodopēn jugum pertinēns, in Thessaliā situm; (*hīc*) Thessalicus.

619-623

GRADVS PRIMVS

“Sed quoniam multī mīlitēs paulō ante mortuī sunt, facile est invenīre corpus atque hoc excitāre. Sed corpus quaerimus quod nōn diū mortuum sit nec diū sub sōle jacuerit neque ideō sit āridum factum. Nōlumus enim cadāver nōbīs **obscūrē** futūra dīcere, sed **clārā vōce** et distīnctē.”

GRADVS SECVNDVS

“Sed facile est, quoniam tantus numerus est novōrum mortuōrum, ūnum corpus in campīs Thessalicīs **ērigere**, ut nūper ēmortuum **tepidum**que cadāver magnā vōce clārēque loquātur, nec membra sōle **perusta** habeat, neque ideō obscūrā vōce anima in corpus revocāta **strīdeat**.”

LVCANI VERSVS

“Sed **prōnum**, cum tanta novae sit **cōpia mortis**,
Ēmathiīs ūnum campīs attollere corpus,
ut modo **dēfūnctī** tepidīque cadāveris ōra
plēnā vōce sonent, nec membrīs sōle perustīs
auribus incertum fērālis strīdeat umbra.”

ossa sōle perusta

obscūrē: (*adv.*) ita ut difficile audiātur aut intelligātur; ↔ clārē; ↔ distīnctē.
clārā vōce: ita ut facile audiātur; magnā vōce; clārē.
ērigere, rēxī, rēctum: excitāre.
tepidus, a, um: nōndum frīgidus sed nōndum calidus.
strīdēre (*item* strīdere), dī: sonum āridum, sībilantem et auribus ingrātum reddere.
prōnum est: facile est.
cōpia mortis: magnus numerus mortuōrum.
Ēmathius, a, um: Thessalicus.
dēfungī, dēfūnctus: (*v. dēp.*) dē vītā discēdere; ēmorī.
plēnā vōce: magnā et clārā vōce.
incertum: (*adv.*) = incertē; obscūrē; **auribus incertum** = ita ut difficile audiātur; obscūrē; ↔ clārē.

magna cōpia mortis

CADAVER EXCITANDVM QVAERITVR

624-626

GRADVS PRIMVS

Haec Ericthō dīxerat, et postquam noctem bis tantō obscūram arte magicā fēcit et caput terribile foedā nūbe tēxit, inter corpora humī jacentia errat eaque īnspicit.

GRADVS SECVNDVS

Dīxerat, et, noctis **tenebrīs** arte magicā bis tantō dēnsīs redditīs ac dīrō capite squālidā nūbe tēctō, pererrat atque īnspicit corpora **prōstrāta** neglēctaque interfectōrum quibus tumulī negātī sunt.

LVCANI VERSVS

Dīxerat, et noctis **geminātīs** arte **tenebrīs**
maestum tēcta caput squālentī nūbe pererrat
corpora **caesōrum** tumulīs **prōjecta** negātīs.

tenebrae, ārum, *f.*: loca sine lūce; obscūritās; ↔ lūx.
maestus, a, um: valdē trīstis; (*hīc*) sevērus; terribilis; dīrus.
prōstrātus, a, um: (< prō + sternere) humī jacēns membrīs extentīs; prōjectus.
geminātus, a, um: bis tantus factus quam fuerat; duplicātus.
tenebrīs maestum tēcta caput: = illa, maestō capite tenebrīs tēctō (*accūsātīvus Graecus sīve respectūs*).
caesus, a, um: (< caedere) occīsus; interfectus.
prōjectus, a, um: (< prōjicere) jacēre relictus; abjectus; prōstrātus.

627-631

GRADVS PRIMVS

Dum Ericthō Thessala **vātem** ēligere temptat, lupī et avēs ventribus adhūc vacuīs unguēs ā corporibus statim āmovent et fugiunt. Illa autem vīscera frīgida in omnī corpore īnspicit, **pulmōnēs** intāctōs invenit, et deinde quaerit utrum corpus illud loquī possit.

unguēs

volucer

GRADVS SECVNDVS

Continuō fūgērunt lupī et, unguibus ā corporibus extractīs, **volucrēs ēsurientēs** fūgērunt, dum Ericthō Thessala vātem ēligit, et, **medullās** morte frīgidās **scrūtāta**, pulmōnēs integrōs ac sine vulnere invenit et vōcem quaerit in corpore dēfūnctō.

LVCANI VERSVS

Continuō **fūgēre** lupī, fūgēre **revolsīs**
unguibus **inpāstae** volucrēs, dum Thessala vātem
ēligit et **gelidās lētō** scrūtāta medullās
pulmōnis rigidī stantīs sine volnere **fibrās**
invenit et vōcem dēfūnctō in corpore quaerit.

vātēs, is, *m.*: dīvīnus et praesāgus quī fāta cognōscit et futūra aperit.
pulmō, ōnis, *m.*: in pectore pars corporis gemina, quā āerem dūcimus ut spīrēmus.
continuō: (*adv.*) statim.
volucer, cris, cre: (*adj. et subst.*) quī volāre potest; avis.
ēsurīre, itūrum: ventrem vacuum habēre; cibum cupere; valdē ēsse velle.
medulla, ae, *f.*: pars media atque interior ossium vel cujusdam alterīus reī; **medullae** = vīscera.
scrūtārī, ātus: (*v. dēp.*) dīligenter īnspicere.
fūgēre: = fūgērunt.
revulsus, a, um (*item* revolsus): (< revellere) extractus; ablātus.
impāstus, a, um (inp-): (< in + pāscī) quī cibum nōndum sūmpsit; ēsuriēns.
gelidus, a, um: (< gelu) frīgidus ut glaciēs.
fibra, ae, *f.*: ūna eārum partium in quās pulmōnēs et jecur dīviduntur.

CADAVER ELIGITVR ATQVE TRAHITVR

637-641

GRADVS PRIMVS

Postquam multa corpora īnspexit, Ericthō cadāver invenit quod **jugulum** vulnerātum habet. Tum **laqueum** circum collum ejus pōnit, in quem **uncum** īnserit, et sīc per **scopulōs** et saxa cadāver trahit. Deinde illa cadāver īnfēlīx, quod arte magicā iterum vīvere dēbet, in cavernā sub monte arduō pōnit, ubi rītūs suōs horrendōs exercēre solet.

laqueus

GRADVS SECUNDVS

Corpus cuj jugulum trānsfīxum est tandem ēligit, et uncum in laqueum collō circumjectum īnserit. Nunc miserum cadāver, quod mox iterum vīctūrum est, per scopulōs et saxa trahitur atque sub altā **rūpe** montis **cavī** locātur, quem Ericthō terribilis sacrīs damnāverat.

LVCANI VERSVS

Ēlēctum tandem **trājectō gutture** corpus
dūcit, et īnsertō **laqueīs** fērālibus uncō
per scopulōs miserum trahitur per saxa cadāver
vīctūrum, montisque cavī, quem **trīstis** Ericthō
damnārat sacrīs, altā sub rūpe **locātur**.

jugulum, ī, *n.*: pars collī anterior.
laqueus, ī, *m.*: nōdus per quem homō damnātus collum īnserit ut suspendātur; vinculum.
uncus, ī, *m.*: ferrum curvātum, sīcut hāmus quō piscis capitur, sed magnus.
scopulus, ī, *m.*: saxum.
rūpēs, is, *f.*: saxum altum et magnum.
cavus, a, um: cujus media pars vacua est; ↔ plēnus.
guttur, uris, *n.*: pars media juguli; gula.
trājectō gutture: cujus jugulum gladiō vulnerātum et incīsum est; jugulātus.
trīstis, e: (*adj.*) (*hīc*) sevērus; saevus; terribilis.
damnārat: = damnāverat.
locāre, āvī, ātum: pōnere.

uncus

ERICTHO TERRIBILIS TIMORES SOCIORVM FVGAT

654-656

GRADVS PRIMVS

Ericthō vestēs suās **induit** quae dīversīs colōribus sunt; similēs vestēs **Furiae** gerunt, itaque Ericthō ūna Furiārum esse vidētur. Deinde vultum **nūdat**, dum capillōs ā **fronte** āmovet eōsque nōdīs **serpentīnīs vincit**.

GRADVS SECVNDVS

Induitur **cultus** Ericthōnis **furiālis**, multicolor et **palliō** dīversē colōrātō. **Crīne** remōtō vultus ejus dēnique aperītur et coma horrida **vīpereīs sertīs substringitur**.

LVCANI VERSVS

Discolor et variō furiālis cultus **amictū**
induitur, voltusque aperītur crīne remōtō,
et coma vīpereīs substringitur horrida sertīs.

induere, duī, ditum: aliquid corporī circumdare; sē vestīre.
Furiae, ārum, ***f.pl.***: deae furōris et fīliae Acheruntis et Noctis (aut Ūranī et Terrae, ut putant aliī), quae trēs sunt: A(l)lēctō, Tīsiphonē, Megaera; flagellīs armātae scelestōs damnātōsque vexant ac pūniunt. Hae et "Dīrae" quoque ā Latīnīs, "Erīnȳes" et "Eumenides" ā Graecīs appellantur.
nūdāre, āvī, ātum: nūdum facere; dētegere.
frōns, frontis, ***f.***: superior pars faciēī ā superciliīs ūsque ad capillōs.
serpentīnus, a, um: aut ad serpentem pertinēns aut fōrmam serpentis habēns.
vincīre, vīnxī, vīnctum: ligāre; cōnstringere.
cultus, ūs, ***m.***: vestītus atque ōrnātus corporis; habitus.
furiālis, e: (*adj.*) ad Furiās aut furōrem pertinēns.

pallium, ī, *n*.: vestis longa, ampla et fūsa, ē lānā aut linteō facta, quae super tunicam forīs geritur.
crīnis, is, *m*.: coma; capillī.
vīpereus, a, um: ad vīperam pertinēns aut fōrmam vīperae habēns.
serta, ōrum, *n.pl*.: flōrēs aut folia aut fasciae aut etiam serpentēs quibus capillī ōrnantur; corōna.
substringere, strīnxī, strictum: nōdō ligāre seu vincīre.
discolor, ōris: (*adj.*) variōs atque discordēs colōrēs habēns.
amictus, ūs, *m*.: (< amicīre < ambi + jacere) id quod umerīs circumjicitur sīve induitur; vestīmentum exterius, ut pallium.

Gorgonis crīnēs
vīpereīs sertīs substrictī

657-661

GRADVS PRIMVS

Ubi cōnspicit Ericthō timidōs **comitēs** Sextī Pompēī, ubi ipsum Sextum tremere videt eumque oculōs ab ūnō locō movēre nōn posse et vultum eī **pallēre** propter metum, "Dīmittite," inquit, "timōrēs quōs vōbīsmet ipsīs creāvistis: jamjam reddam huic cadāverī vītam novam et speciem hominis vīvī, ut eum ā mortuīs excitātum atque loquentem audīre possītis etiam sī valdē timidī estis.

GRADVS SECVNDVS

Ut cōnspicit Ericthō **pavidōs** comitēs Sextī Pompēī ipsumque Sextum trementem, oculīs in ūnō locō dēfīxīs ac vultū prae metū **exanimī**, "Dēpōnite" ait "vestrōs timōrēs trepidā **mente conceptōs**: jamjam reddētur corporī vīta nova quae speciē omnīnō **vērīsimilī** erit, ut vel maximē pavidī ex vōbīs loquentem audīre possint.

LVCANI VERSVS

Ut pavidōs juvenis comitēs ipsumque trementem
cōnspicit exanimī dēfīxum lūmina voltū,
"pōnite" ait "trepidā conceptōs mente timōrēs:
jam nova, jam vērā reddētur vīta figūrā,
ut **quamvīs** pavidī possint audīre loquentem."

comes, itis, *m.*: (< cum + īre, iter) quī alium sequitur; socius.
pallēre, uī: pallidum fierī.
pavidus, a, um: quī pavēre solet; valdē timidus.
exanimis, e: (< ex + anima, *adj.*) quī animā caret aut carēre vidētur, tamquam mortuus; sēmimortuus.
mente concipere, cēpī, ceptum: mente creāre; animō fingere.
vērīsimilis, e: (< vērus + similis, *adj.*) quī etsī nōn vērus est, tamen ad vērum proximē accēdit.
quamvīs: (*adv. cum adjectīvō*) quantumvīs; quamlibet.

662-666

GRADVS PRIMVS

“Ego vērō, sī velim, et aquās stāgnantēs Stygis, et **Phlegethonta** flūmen ignēs ēvomēns vōbīs ostendere possim, et Furiās, et **Cerberum** in cujus collīs serpentēs crēscunt, et **Gigantes** quibus manūs **vinculīs** retinentur! At vōs, improbī, umbrāsne timētis quae et ipsae timidae sunt?”

GRADVS SECVNDVS

“Enimvērō sī et Stygiōs lacūs et rīpam ignēs **ēructantem** vōbīs facile ostendam, sī meā operā Furiae vidērī possint atque Cerberus colla sua serpentibus **horrentia vibrāns**, necnōn Gigantes quibus manūs post terga **vīnctae** sunt — quis est igitur iste timor, ō ignāvī, **mānēs** timidōs aspicere?”

LVCANI VERSVS

“Sī vērō Stygiōsque lacūs rīpamque sonantem
ignibus ostendam, sī mē **praebente** vidērī
Eumenides possint villōsaque colla **colubrīs**
Cerberus **excutiēns** et vīnctī terga Gigantes,
quis timor, ignāvī, metuentīs **cernere** mānēs?”

Cerberus colubrēs in collīs habēns

Phlegethōn, gen. Phlegethontis, acc. Phlegethonta, *m.*: (*dēcl. Graeca*) flūmen īnfernum quod flammīs ārdet.
Cerberus, ī, *m.*: canis ille īnfernus triceps, custōs, et jānitor rēgnī Plūtōnis.
Gigantēs, um, *m.pl.*: (< Gigās, Gigantis, *sg.*; *dēcl. Graeca*) ingentēs fīliī Tartarī (aut Ūranī, ut putant aliī) et Terrae, quī superōs oppugnāvērunt, quamobrem Juppiter eōs fulmine percussit et in vincula conjēcit et sub Aetnā monte inclūsit.
vinculum, ī, *n.*: id quod damnātōs vincit, retinet, ligat; nōdus; catēna.
ēructāre, āvī, ātum: ējicere; ēvomere.
horrēre, uī: asperum et rigentem esse, ut capillī quī densī, asperī et arrēctī stant.
vibrāre, āvī, ātum: quatere; agitāre.
vīnctus, a, um: (< vincīre) quī vinculīs retinētur; ligātus; cōnstrictus.
mānēs, ium, *m.pl.*: dī (= deī) mānēs; animae mortuōrum; umbrae; īnferī.
praebēre, uī: (< prae + habēre) exhibēre; prōpōnere; ostendere.
Eumenidēs, idum, *f.pl.*: (*dēcl. Graeca*) Furiae per euphēmismum dictae; namque nōmen Graecum "Eumenides" "benevolentēs" significat, et sīc appellantur quia Graecī "Erīnȳes," nōmen vērum eārum, dīcere verēbantur, nē ipsās īramque eārum invocārent.
coluber, brī, *m.*: serpēns.
excutere, cussī, cussum: (< ex + quatere) agitāre; quatere; vibrāre.
cernere, crēvī, crētum: aspicere quod difficile vīsū est; vidēre.

RES MAGICAE CADAVERI MINISTRANTVR

667-669

venēnum sīve vīrus

GRADVS PRIMVS

Deinde Ericthō cadāveris pectus dissecat
et sanguinem **calidissimum** īnfundit
et vīscera **cruōre** putridō ātrōque lavat
et venēnum dē lūnā collēctum cōpiōsē addit.

GRADVS SECVNDVS

Ericthō tum prīmum cadāveris pectora, vulneribus novīs aperta, ferventī sanguine implet et medullās **saniē abluit** et **venēnum lūnāre** cōpiōsē **ministrat**.

LVCANI VERSVS

Pectora tum prīmum ferventī sanguine **supplet**
volneribus **laxāta** novīs **tābō**que medullās
abluit et **vīrus largē** lūnāre ministrat.

calidus, a, um: ↔ frīgidus.
cruor, cruōris, *m.*: sanguīs ex corpore effūsus.
saniēs, ēī, *f.*: cruor āter, putridus atque corruptus; pūs; tābum.
abluere, luī, lūtum: (< ab + lavere) lavandō pūrgāre.
lūnāris, e: (*adj.*) ad lūnam pertinēns.
venēnum lūnāre: hūmor vel sūcus quem sāgae Thessalae dē herbīs nocte colligunt et lūnae spūmam esse crēdunt.
ministrāre, āvī, ātum: īnfundere; addere.
supplēre, ēvī, ētum: addendō plēnum facere.
laxātus, a, um: (< laxāre) apertus.
tābum, ī, *n.*: cruor āter, putridus atque corruptus; pūs; saniēs.
vīrus, ī, *n.*: sūcus noxius; venēnum.
largē: (*adv.*) cōpiōsē; profūsē.

670-673

GRADVS PRIMVS

Deinde omnia horribilia atque impia corporī addit: **spūmam** canum rabidōrum quī aquam timent, intestīna **lyncis,** vertebram magnam hyaenae, vīscera **cervī quī serpentem dēvorāvit**.

spūma ex ore canis rabidī effluit

cervus

GRADVS SECVNDVS

Hūc quicquid portentōsō **partū** nātūra generāvit miscētur: nōn **dēfuit** spūma canum quī aquam timent, nec vīscera lyncis, nec magna vertebra dūrae hyaenae, nec medullae cervī quī serpentibus **pāstus** erat.

LVCANI VERSVS

Hūc quidquid **fētū** genuit nātūra sinistrō
miscētur: nōn spūma canum quibus unda timōrī est,
vīscera nōn lyncis, nōn dūrae **nōdus hyaenae**
dēfuit et cervī pāstae serpente medullae.

spūma, ae, *f.*: liquor ille levis, albī colōris, quod in summō lacte, in maris lītore, in ōre canis rabidī appāret.

lynx, lyncis, *f.*: genus fēlium ferōcium quae in silvīs habitant.

cervī quī serpentem dēvorāvit: crēdēbant antīquī cervōs posse serpentēs ē latebrīs eārum subterrāneīs expellere, deinde dēvorāre, et sīc dēnuō juvenēs fierī, vītae annōs sibi addentēs.

partus, ūs, *m.*: āctus quō animālia nātōs pariunt.

deesse (*item* dēsse), dēsum, dēfuī, dēfutūrum: nōn esse; abesse; dēsīderārī.

pāscī, pāstus: (*v. dēp.*) cibum sūmere; ēsse.

fētus, ūs, *m.*: tempus quō animālia nātōs pariunt; partus.

nōdus, ī, *m.*: pars spīnae cervīcisque; vertebra; **nōdus hyaenae** = prīma ac major vertebra cervīcis hyaenae, quae et "nōdus Atlantios" vocātur.

hyaena nōdum in tergō habēns

674-680

GRADVS PRIMVS

phoenīx

Haec etiam addit Ericthō: piscem quī nāvēs retinet, etiam sī ventus vehementer flat, et oculōs dracōnum, et saxa quae aquilae **incubant**[1] quaeque **intus** strepitum reddunt, et serpentem **ālātam** Arabicam, et vīperam quae in Marī Rubrō habitat conchāsque pretiōsās custōdit in quibus margarītae īnsunt, et **cutem** dēpositam serpentis Libycae quae cornua habet, et cinis **phoenīcis** quī in ārā templī Hēliopolitānī jacuit.

GRADVS SECVNDVS

Nōn dēfuit **echenāis**, piscis ille **remora**, quī nāvēs retinet etiam Eurō, ventō illō asperō, vēla et fūnēs eārum intendente, neque oculī dracōnum, neque illa saxa magica, quae sonant postquam sub avī ōva incubante **tepefacta** sunt, nec serpēns ālāta gentis Arabicae, nec vīpera in marī Rubrō nāta quae concham pretiōsam custōdit, nec cutis serpentis Libycae **cornūtae** quam ipsa dēposuit adhūc vīvēns, aut cinis phoenīcis **in ārā Hēliopolitānā** positī.

piscis remora

LVCANI VERSVS

Nōn puppem retinēns **Eurō** tendente **rudentīs**
in mediīs echenāis aquīs oculīque dracōnum
quaeque sonant **fētā** tepefacta sub **ālite** saxa,
nōn **Arabum** uolucer serpēns innātaque Rubrīs
aequoribus custōs pretiōsae vīpera conchae
aut vīventis adhūc Libycī membrāna **cerastae**
aut cinis **Ēōā** positī phoenīcis in ārā.

incubāre, āvī, ātum: in ōvīs sedēre, ut avēs faciunt.
[1] **saxa quae aquilae incubant**: saxa illa mīrifica quae in aquilārum nīdīs invenīrī crēdēbantur fēminīsque gravidīs ad partum esse ūtilia, quod ōvīs similia essent. Namque intus vacua sunt et saxula continent quae strepitum reddunt. Et "āetītēs" Graecē dīcuntur.
intus: (*adv.*) in, ex, dē parte interiōre; intrā.
ālātus, a, um: quī ālās habet.
cutis, is, *f.*: pellis; quō corpis tegitur.
phoenīx, īcis, *m.*: avis quae ex ignibus iterum iterumque renāscitur.
echenāis, idis, *f.*: piscis quī cum nāvī adhaerēret, velut ancora eam retinēre crēdēbātur, nē movērī posset.
remora, ae, *f.*: (< re + morārī) aliquid quod retinet et retardat; echenāis piscis.
tepefactus, a, um: (< tepefacere) tepidus factus; nōn jam frīgidus.
cornūtus, a, um: cornua habēns.
in ārā Hēliopolitānā: phoenīx in ārā templī quod in Aegyptō in urbe Hēliopolī fuit vītam suam fīnīre crēdēbātur et ibīdem renāscī.
Eurus, ī, *m.*: ventus vehemēns quī ab oriente flat.
rudēns, entis, *m.*: fūnis nauticus quō vēla retinentur.
fētus, a, um: quī nūper peperit et nunc nātōs nūtrit aut ōvīs incubat.
āles, itis, *m.* et *f.*: quaecumque avis magna.
Arabēs, um, *m.pl.*: gēns orientālis quae Arabiam incolit.
aequor, oris, *n.*: mare.
cerastēs, ae, *m.*: (*dēcl. Graeca*) serpēns.
Ēōus, a, um: orientālis; (*hīc*) Hēliopolitānus.

681-684

GRADVS PRIMVS

Hās omnēs rēs mīrās et horrendās, sed tamen satis **vulgārēs** ut nōmina habeant, commiscuit Ericthō. At posteā rēs etiam magis horrendās corporī addidit: et frondēs carminibus incantātās quae nēmō alius canere audeat, et herbās **spūtō** suō noxiō contāminātās, et omnia venēna quae ipsa arte suā invēnit.

GRADVS SECVNDVS

Postquam Ericthō **pestēs** vīlēs et nōmina habentēs in ūnum composuit, īnsuper etiam frondēs carmine **īnfandō** saturātās cadāverī addidit, et herbās quibus ōs ejus dīrum **īnspuit** dum modo nāscēbantur, et quidquid venēnī quod ipsa mundō dedit.

LVCANI VERSVS

Quō postquam vīlēs et habentīs nōmina pestīs
contulit, īnfandō saturātās carmine frondīs
et, quibus ōs dīrum nāscentibus īnspuit, herbās
addidit et quidquid mundō dedit ipsa venēnī.

vulgāris, e: (*adj.*) quī passim et ubīque invenītur; vīlis; ↔ rārus.
spūtum, ī, *n.*: salīva quae ex ōre ēmittitur.
pestis, is, *f.*: quaecmque rēs mala aut nocēns.
īnfandus, a, um: (< in + fārī, *gerundīvum*) dē quō loquī nōn potest aut licet; horrendus.
īnspuere, spuī, spūtum: spūtō aliquid afficere.
quō ... contulit ... addidit: cadāverī contulit et addidit.
cōnferre, cōnferō, contulī, collātum: rēs dissimilēs in ūnam potestātem compōnere; commiscēre.

VOX ERICTHONIS FORMIDABILIS CVNCTA EXPRIMIT

685-687

GRADVS PRIMVS

Vōx Ericthōnis deōs īnferōs **excantāre** magis potest quam omnēs herbae magicae; quā vōce illa sonōs mīrōs et linguae hūmānae dissimilēs ēdere incipit.

GRADVS SECVNDVS

Tum vōx **Lēthaeōs** cūnctīs **pollentior** herbīs excantāre deōs cōnfundit murmura prīmum dissona et hūmānae multum discordia linguae.

LVCANI VERSVS

Tum vōx **Lēthaeōs** cūnctīs **pollentior** herbīs
excantāre deōs cōnfundit murmura prīmum
dissona et hūmānae multum discordia linguae.

fōrmīdābilis, e: (< fōrmīdō, *adj.*) quī magnum timōrem movet; valdē terribilis.
excantāre, āvī, ātum: carminibus magicīs ēvocāre.
dissonus, a, um: cuj dīversī et pugnantēs sonī īnsunt; cōnfūsus; discordāns; ingrātus.
Lēthaeus, a, um: (< Lēthē) ad īnfernum illud flūmen pertinēns unde animae mortuōrum bibere dēbent ut vītae suae oblīvīscantur; īnferus.
pollēns, entis: (< pollēre, *part.*) potēns; validus; **pollēns + *īnfīn.*** = quī potest + *īnfīn.*

688-690

GRADVS PRIMVS

Vōx Ericthōnis lātrat sīcut canis et **gemit** sīcut lupus, strīdet sīcut **būbōnēs** et **strigēs**, **ululat** sīcut bēstiae ferae, sībilat sīcut serpēns.

būbō

GRADVS SECVNDVS

Lātrātūs canum refert vōx illa lupōrumque **gemitūs**, būbōnis **trepidī** et strigis nocturnae **querēlam**, strīdōrem ululātiōnemque ferārum et **anguis** sībilum.

LVCANI VERSVS

Lātrātūs habet illa canum gemitūsque lupōrum,
quod trepidus būbō, quod strix nocturna **queruntur**,
quod strīdent ululantque ferae, quod sībilat anguis.

gemere, gemuī: sonum gravem ac longum ēdere; plōrāre.
būbō, ōnis, *f.*: avis nocturna quae oculōs magnōs habet; avis Minervae sacra.
strix, gis, *f.*: genus būbōnis sīve ululae.
ululāre, āvī, ātum: sonōs illōs maestōs ēdere quōs lupī solent, “uhū!”
lātrātus, ūs, *m.*: sonus canis lātrantis, “baubau!”
gemitus, ūs, *m.*: lāmentātiō cum vōce; ululātus.
trepidus, a, um: quī facile tremit; ānxius et excitātus.
querēla, ae, *f.*: (< querī) vōx cantusque maestus et lūgubris.
anguis, is, *m.*: serpēns.
querī, questus: (*v. dēp.*) dē aliquā rē quae nōs molestat lāmentārī.

691-694

GRADVS PRIMVS

Ūna vōx Ericthōnis multōs sonōs simul reddit: sonum undae quae saxa **percutit**, et silvārum, et **tonitrūs** quem nūbēs efficiunt. Deinde plūra carmina magica canit et tandem vōx ejus ūsque ad īnferōs pervenit.

GRADVS SECVNDVS

Exprimit et **fragōrem** undae quae cautibus percussit, et sonum silvārum, et tonitrua **frāctae nūbis**. Tam multārum rērum fuit vōx ūna Ericthōnis. Deinde illa cantū Thessalicō cētera explicat et vōce suā in **Tartara** penetrat.

LVCANI VERSVS

Exprimit et **plānctūs inlīsae** cautibus undae
silvārumque sonum frāctaeque tonitrua nūbis:
tot rērum vōx ūna fuit! mox cētera cantū
explicat Haemoniō penetratque in Tartara linguā.

percutere, cussī, cussum: (< per + quatere) pulsāre; ferīre; verberāre.
tonitrus, ūs, *m.*: strepitus quī post fulgur audītur.
fragor, ōris, *m.*: (< frangere) sonitus magnus et inexspectātus.
frāctae nūbis: antīquī crēdēbant tonitrum fierī cum nūbēs rumpuntur.
Tartara, ōrum, *n.pl.*: loca subterrānea īma ac Terrae centrō proxima; loca īnferiōra rēgnī īnfernī ubi animae damnātae et Tītānī inclūduntur.
plānctus, ūs, *m.*: (< plāngere) percussiōnis sonus; fragor; fremitus.
illīdere, līsī, līsum (inl-): (<in + laedere) aliquā rē violenter pulsāre; impellere; incutere.
Haemonius, a, um: ad terram Haemoniam, *hoc est* Thessaliam pertinēns; Thessalus.

ERICTHONIS PREX

695-698

GRADVS PRIMVS

"Ō deae Furiae sīve **Poenae**, vōs mōnstra īnferna quae animās damnātās **cruciātis**, et tū Chaos quod omnia cōnsūmis, et tū Plūtō terrae domine, quī deōrum immortālitātem **odiō habēs**, audīte mē precēsque meās!"

Furiae

GRADVS SECVNDVS

"Ō Furiae Stygiumque **Nefās** Poenaeque quae umbrās nocentum cruciātis, tūque Chaos innumerōs mundōs cōnfundere avidum, tūque Plūtō terrae **rēctor**, quem mors deōrum **torquet** longa in **saecula dīlāta**, **exaudīte** precēs!"

LVCANI VERSVS

"Eumenides Stygiumque Nefās Poenaeque nocentum
et Chaos innumerōs avidum cōnfundere mundōs
et rēctor terrae, quem longa in saecula torquet
mors dīlāta deum,
[...]
exaudīte precēs!"

Poenae, ārum, ***f.pl.***: Furiae quae sīc appellantur quia nocentēs pūniunt.
cruciāre, āvī, ātum: dolōrem afferre; torquēre.
odiō habēre: ōdisse; vehementer dēspicere.
Nefās: Furiae quae sīc appellantur quia perjūrōs pūniunt. Perjūrium autem nefandum esse crīmen putābātur. Itaque poēta Nefās persōnam Furiārum esse fingit.
rēctor, ōris, ***m.***: ille quī regit; gubernātor; dominus.
torquēre, torsī, torsum: molestiam sīve dolōrem afferre; cruciāre.
saeculum, ī, ***n.***: spatium temporis quō ūna generātiō vīvit; aetās hūmāna.
dīlātus, a, um: (< differre) in futūrum extentus aut prōmōtus.
exaudīre, īvī, ītum: animadvertere; oboedīre; pārēre.

Plūtō terrae rēctor

712-718

GRADVS PRIMVS

“Nōn ego animam poscō quae in locīs **īmīs** atque obscūrīs diū sē **occultāvit**, sed animam quaerō quae modo nūper ē vītā discessit et adhūc ad īnferōs dēscendit; mīlitem ēvocō quī modo nūper nostrī mortālisque mundī pars fuit! Sī vōs, ō deī īnferī, **probātis** id bellum cīvīle atque impium quod nōs mortālēs nunc gerimus, sī hāc magnā cōpiā mortis grātiam vestram meritī sumus, **utinam** umbra hujus mīlitis omnia fāta Pompēī Magnī ejusque fīliōrum mihi narret!”

GRADVS SECVNDVS

“Nōn animam poscimus in **profundīs cavī** īnfernī **latitantem** ac diū tenebrīs assuētam, vērum eam cuj vītae lūx nūperrimē ērepta est et quae ad īnferōs adhūc dēscendit. Utinam umbra mīlitis modo nostrī ac vīvī omnia fāta Pompejāna ducis fīliō canat, sī bella cīvīlia dē vōbīs **bene merentur**!”

LVCANI VERSVS

“Nōn in **Tartareō** latitantem poscimus antrō
adsuētamque diū tenebrīs, modo lūce fugātā
dēscendentem animam.
[...]
[—uu —uu —uu —] ducis omnia nātō
Pompejāna canat nostrī modo mīlitis umbra,
sī bene de vōbīs cīvīlia bella merentur.”

īmus, a, um: (< īnferus, *superl.*) ab omnibus īnferior; altissimus; profundissimus.
occultāre, āvī, ātum: tegere; ab oculīs removēre.
probāre, āvī, ātum: bonum, probum atque rēctum putāre.
utinam: (*adv.*) ōrātiō optantis aut precantis; "volō ita sit!"
profundus, a, um: valdē dēpressus; altus; īmus.
cavum, ī, *n.*: spatium vacuum; caverna; antrum; ↔ plēnum.
latitāre, āvī, ātum: saepius latēre; sē cēlāre; sē occultāre.
bene merērī, itus: beneficiīs beneficia et grātiam merērī.
Tartareus, a, um: quī ad Tartarōs pertinet; īnfernus.

Styx flūmen

VMBRA AB ERICTHONE IN CORPVS IRE IVBETVR

719-725

GRADVS PRIMVS

Postquam Ericthō omnia haec dīxit, caput suum et ōra spūmā effluentia sustulit et umbram aspexit quae juxtā corpus humī jacēns stābat. Umbra autem corpus suum, quod velut **carcer** animae est, intrāre nōn vult. Praetereā in pectus foedum ac lacerātum et guttur vulnerātum īre metuit. Ah, miser homō! Cēterōs mortālēs mors fēlīcēs facit, quia timōre mortis eōs līberat et velut immortālitātem iīs dōnat; tibi vērō illud dōnum negātur!

GRADVS SECVNDVS

Ubi Ericthō haec **fāta est**, caput et ōra spūmantia sustulit aspicitque corporis jacentis umbram quae astat et timet intrāre membra mortua atque claustra **invīsa** suī carceris antīquī. **Pavet** enim umbra in pectus apertum et vīscera īre, et in fibrās vulnere lētālī ruptās. Ah, quam miser ille, cuj mortis illud dōnum extrēmum, quod est morī nōn posse, ita injūstē ēripitur!

LVCANI VERSVS

Haec ubi fāta caput spūmantiaque ōra levāvit,
aspicit astantem prōjectī corporis umbram,
exanimīs **artūs** invīsaque claustra timentem
carceris antīquī: pavet īre in pectus apertum
vīsceraque et ruptās lētālī volnere fibrās.
ā, miser, extrēmum cuj mortis mūnus **inīquē**
ēripitur — nōn posse morī! ...

carcer, is, *m.*: locus obscūrus ubi damnātī atque noxiī inclūduntur.
fārī, fātus: (*v. dēp.*) loquī.
invīsus, a, um: (< invidēre) quī valdē displicet; odiōsus.
pavēre, pāvī: terrōre irratiōnālī afficī ac tōtō corpore tremere.
artūs, uum, *m.pl.*: partēs corporis cartilāgineae quibus ossa inter sē conjunguntur; (*hīc*) conjūnctiō membrōrum; membra.
inīquē: (< in + aequus, *adv.*) injūstē.

umbra ab Ericthōne ēvocāta ante corpus resistit

725-729

GRADVS PRIMVS

Ericthō mīrātur Fātīs **īnsolentibus** licuisse hōc modō sibi nōn pārēre. Īrāscitur in Mortem animam dētinentem et cadāver serpente vīvō verberat ut id excitet. Deinde per terrae frāctae fissūrās, quās ipsa carmine magicō fēcit, vōcem suam lātrantem ūsque ad īnferōs immittit rēgnīque Plūtōnis silentium clāmōre suō rumpit.

GRADVS SECVNDVS

Mīrātur Ericthō Fātīs ita **morārī** licuisse, et Mortī īrāta serpente vīvō cadāver immōtum verberat, ac per **rīmās** cavās terrae, quās ipsa carmine magicō fēcit, umbrīs **illātrat** et rēgnī īnfernī silentia rumpit.

LVCANI VERSVS

[— uu — uu — uu —] Mīrātur Ericthō
hās Fātīs licuisse **morās**, īrātaque Mortī
verberat inmōtum vīvō serpente cadāver,
perque cavās terrae, quās ēgit carmine, rīmās
mānibus inlātrat rēgnīque silentia rumpit.

īnsolēns, ntis: (*adj.*) pertināx; ↔ oboediēns.
morārī, ātus: (*v. dēp.*) moram facere; tardē agere; cūnctārī.
rīma, ae, *f*.: fissūra; forāmen angustum atque oblongum.
illātrāre, āvī, ātum + *dat.* (inl-): in aliquem lātrāre; inclāmāre; reprehendere.
mora, ae, *f*.: tempus intermissum; cūnctātiō; dīlātiō; pausa.

ERICTHO ETIAM INFERIS TIMENDA

730-735

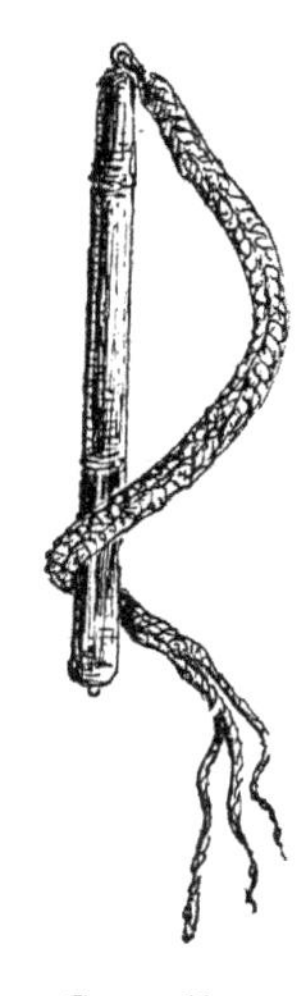

flagellum

GRADVS PRIMVS

"O Tīsiphonē et Megaera, vōs Furiae quae vōcem meam negligitis, cūr nōn agitis hanc animam īnfēlīcem **flagellīs** vestrīs saevīs per dēserta īnferōrum? Jam ego vōs Furiās, vōs canēs īnfernās, ex īnferīs ēvocābō et in lūce sōlis relinquam! Ego domina atque imperātrīx vōbīs erō: per omnēs rogōs vōs sequar, ex omnibus **urnīs** et sepulchrīs vōs expellam!"

GRADVS SECVNDVS

"Tīsiphonē vōcemque meam negligēns Megaera, nōnne agitis animam īnfēlīcem flagellīs vestrīs saevīs per **ināne** regiōnis īnfernae? Jam ego vōs Stygiās canēs **nōmine vērō** atque arcānō appellātō extraham et in lūce supernā **dērelinquam**! Ego custōs vestra erō, per busta et per fūnera vōs sequar, ē tumulīs expellam, ab omnibus ūrnīs **abigam**!"

LVCANI VERSVS

"Tīsiphonē vōcisque meae sēcūra Megaera,
nōn agitis saevīs Erebī per ināne flagellīs
īnfēlīcem animam? jam vōs ego nōmine vērō
ēliciam Stygiāsque canēs in lūce supernā
dēstituam; per busta sequar, per fūnera custōs,
expellam tumulīs, abigam vōs omnibus ūrnīs."

flagellum, ī, *n*.: īnstrūmentum flexile quō damnātī verberantur; verber.
urna, ae, *f*.: vās quō cinerēs corporis cremātī servantur.
ināne, is, *n*.: spatium vacuum et vāstum.
nōmine vērō: quī deī nōmen vērum atque arcānum nōverit, eum etiam nōlentem ēvocāre potest. Deus ita ēvocātus omnibus jussīs pārēre dēbēbit.
dērelinquere, līquī, lictum : in tōtum relinquere; dēserere.
abigere, ēgī, āctum: (< ab + agere) expellere.
ēlicere, licuī *et* lexī, licitum: (< ex + laqueus, dēliciae) ēdūcere; prōvocāre; extrahere.
dēstituere, uī, ūtum: dērelinquere; dēserere.

742-749

GRADVS PRIMVS

"Ō Plūtō, tū pessime mundī rēctor! Tibi ego cavernās subterrāneās rumpam atque in rēgnum tuum diem immittam, ut sōlis lūx tē subitō percutiat! Aut mihi parētis, aut illum ēvocābō, quī nūllum nōmen habet et potentior est omnibus cēterīs deīs! Ille[1] cum ēvocātus est, tremōrēs terrae fīunt! Ille caput Gorgonis aspicere potest! Ille ūnam ex Furiīs terret et flagellīs ejus propriīs verberat! Ille loca terrae īma ac profundissima rēgnat quae Tartara dīcuntur, quaeque vōs īnferī aspicere nōn potestis! Illī vōs nōn estis īnferī, vērum superī estis! Ille cum per Stygem jūrāvit et jūsjūrandum suum violāvit, ā nūllō deō pūnītur!"

GRADVS SECVNDVS

"Tibi autem, ō pessime mundī arbiter Plūtō, cavernīs ruptīs sōlem immittam eāque subitō percutiēris! Nunc mihi parētis, an ille compellandus erit, quō vocātō terra semper tremit, quī Gorgona dētēctam aspicit et Furiam trementem verberibus propriīs castīgat, quī rēgnat Tartara vōbīs indēspecta, cujus etiam vōs estis superī, quī aquās Stygiās perjūrat?"

LVCANI VERSVS

[— uu — uu — uu —] "Tibi, pessime mundī
arbiter, inmittam ruptīs Tītāna cavernīs,
et subitō **feriēre** diē. parētis, an ille
conpellandus erit, quō numquam terra vocātō
nōn **concussa** tremit, quī Gorgona cernit apertam
verberibusque suīs trepidam castīgat Erīnȳn,
indēspecta tenet vōbīs quī Tartara, cujus
vōs estis superī, Stygiās quī perjerat undās?"

[1] **ille**: deus quīdam īnfernus atque potentissimus, cujus nōmen Ericthō dīcere verētur nē vērē eum ēvocet, atque nōs prō certō ignōrāmus. Et nūllō respondet nūminī nōtō aut Graecō aut Rōmānō, vidētur tamen esse Tītān aut Gigās, fortasse Tȳphō, quem Aegyptiī Sēth nōmine colunt.
jūrāre, āvī, ātum: (< jūs) sollemniter ac religiōsē fidem aut factum prōmittere ac pollicērī.
per Stygem jūrāvit: omnēs deī per Stygem jūrant, *id est* per aquās quās animae mortuōrum trānsīre dēbent.
jūsjūrandum, ī, *n.*: prōmissum sollemne ac religiōsum; fidēs.
arbiter, tri, *m.*: jūdex; rēctor; dominus.
compellāre, āvī, āvum (conp-): appellandō ēvocāre; arcessere.
dētēctus, a, um: (< dētegere) apertus; nūdātus; ↔ tēctus.
verber, is, *n.*: flagellum; īnstrūmentum quō damnātī verberantur.
castīgāre, āvī, ātum: pūniendō corrigere; reprehendere.
indēspectus, a, um: tam profundē jacēns ut nēmō aspicere possit.
perjūrāre, āvī, ātum (*item* pejerāre, perjerāre): jūsjūrandum violāre; falsō jūrāre.
Tītāna, m.: = (< Tītān, *acc., decl. Graeca*) sōlem; diem.
ferīre: ictibus percutere; pulsāre; **feriēre** = tū feriēris.
concussus, a, um: (< concutere) commōtus sīve agitātus velut ictū vehementī.

CADAVER AD VITAM REVERTITVR

750-751

GRADVS PRIMVS

Statim sanguīs concrētus in cadāvere calidus factus est et vulnera **calefēcit** clausitque et per vēnās et membra celeriter flūxit.

GRADVS SECVNDVS

Statim cruor concrētus in cadāvere **calēre** coepit et vulnera aluit **medētur**que et in vēnās extrēmaque membra cucurrit.

LVCANI VERSVS

Prōtinus astrictus caluit cruor ātraque **fōvit**
volnera et in vēnās extrēmaque membra cucurrit.

calefacere, faciō, fēcī, factum: calidum facere.
calēre, uī: calidum esse.
medērī: cūrāre atque sānāre.
prōtinus: (*adv.*) statim.
astrictus, a, um: (< astringere) in ūnum locum collēctus atque contractus; condēnsus.
fovēre, fōvī, fōtum: calōrem servāre et vigōrem addere; alere.

Ericthō mortuum ad vītam revocat

752-755

GRADVS PRIMVS

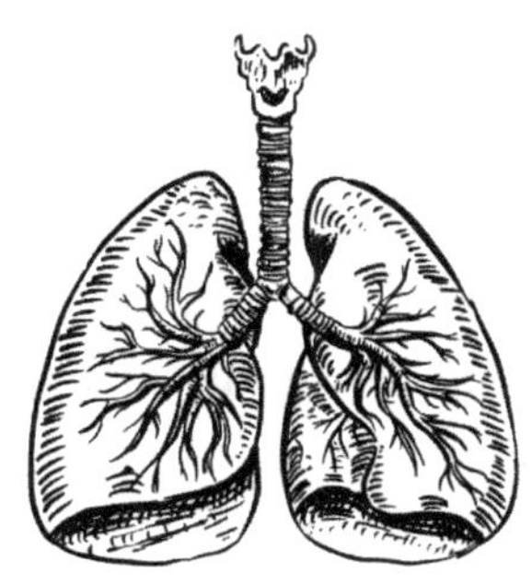
pulmōnēs

Pulmōnēs cadāveris in pectore frīgidō subitō commoventur, et nova vīta vīscera diū mortua intrat, ita ut ūnum idemque corpus partim vīvum, partim mortuum sit. Tunc omnia membra **tremunt**, ligāmenta membrōrum tenduntur.

GRADVS SECVNDVS

Pulmōnēs percussī sub pectore frīgidō **trepidant**, et nova vīta medullīs diū mortuīs subrēpit atque mortī miscētur. Tunc omnis artus **palpitat**, omnēs **nervī** tenduntur.

LVCANI VERSVS

Percussae gelidō trepidant sub pectore **fibrae**,
et nova dēsuētīs subrēpēns vīta medullīs
miscētur mortī. tunc omnis palpitat artus,
tenduntur nervī ...

tremere, uī: tremōre movērī; quatī; vibrārī.
trepidāre, āvī, ātum: leviter sed subitō et celeriter commovērī agitārīque, velut ob timōrem.
palpitāre, āvī, ātum: (< palpāre) ad modum cordis contrahī relaxārīque; frequenter agitārī; vibrārī.
nervus, ī, *m.*: fīlum vel ligāmentum quibus mūsculī ossibus colligantur et membra moventur.
fibrae, ārum, *f.pl.*: pulmōnum partēs; pulmōnēs.

755-758

GRADVS PRIMVS

Atque cadāver nōn manibus pedibusque ūtitur ut sē dē terrā tollat, sed subitō ērēctum stat. Dentēs ejus videntur et oculī magnī et rotundī sunt.

rictus

GRADVS SECVNDVS

Nec cadāver sē lentē humō **levat** per manūs pedēsque, sed terrā semel repulsum ērēctumque est. Labra ejus magnō **rictū distenduntur** et oculī nūdantur.

LVCANI VERSVS

[— uu — uu —] Nec sē tellūre cadāver
paulātim per membra levat, terrāque repulsum est
ērēctumque semel. distentō **lūmina** rictū
nūdantur ...

levāre, āvī, ātum: tollere, sūrsum agere.
rictus, ūs, *m.*: ōris et labrōrum apertūra et hiātus.
distendere, tendī, tentum *et* tēnsum: in dīversās partēs extendere; hiātum facere ut id quod intus est pateat; aperīre.
rictum distendere: labra distendere et dentēs ostendere, ut canēs īrātae et hominēs rīdentēs faciunt.
lūmina, ōrum, *n.pl.*: oculī.

758-762

GRADVS PRIMVS

Faciēs cadāveris nec vīva nec mortua esse vidētur: inter vītam mortemque pendet. Pallida rigidaque adhūc est faciēs illīus, et stupet ille admīrāturque, quia ad vītam revocātus est — sed nihil dīcit. Vōx enim ac lingua quam Ericthō illī dedit tantum respondēre potest.

GRADVS SECVNDVS

Faciēs cadāveris nōndum hominis vīvī esse vidētur, neque omnīnō mortuī, sed jam morientis: pallorque rigorque in faciē remanet, et ipse homō **stupet reversus** mundō. Sed ōra cadāveris **astricta** sunt et nūllum **sonum efficiunt**: nam vōx linguaque illī nōn nisi ad respondendum dōnāta est.

stupēre

LVCANI VERSVS

[— uu —] Nōndum faciēs vīventis in illō,
jam morientis erat: remanet pallorque rigorque,
et stupet **inlātus** mundō. sed murmure nūllō
ōra astricta sonant: vōx illī linguaque tantum
respōnsūra datur ...

stupēre, uī: corpus gubernāre nōn posse; valdē admīrārī.
revertī, reversus: (*v. dēp.*) revenīre; redīre.
astrictus, a, um: (< astringere) contractus; compressus; clausus.
sonum efficere, fēcī, fectum: sonum ēdere sīve ēmittere; sonāre.
illātus, a, um (inl-): (< īnferre) intus trānspositus.

ERICTHO CADAVER FATA APERIRE IVBET

762-767

GRADVS PRIMVS

“Respondē et dīc mihi quod jubeō,” inquit Ericthō Thessala, “et **praemium** magnum tibi dabō. Nam sī vēra mihi dīxeris, nūlla sāga tē iterum ad vītam revocāre poterit, quia contrā artēs magicās tē dēfendam in aeternum: sepulchrum quiētum tibi dabō, membra tua carmine incantābō, et magicīs **lignīs** cremābō. Tunc umbra tua nec carmina magōrum audiet neque ab īnferīs ēvocārī poterit.”

GRADVS SECVNDVS

“Dīc mihi” inquit Ericthō Thessala “quod jubeō prō magnā **mercēde**; nam sī vēra locūtus eris, tōtō mundī aevō ab artibus **necromanticīs** tē **immūnem** faciam: membra tua tālī sepulchrō dabō atque tālibus lignīs cum carmine Stygiō cremābō, ut umbra tua sīc incantāta nec magōs audiat neque iīs pāreat.”

LVCANI VERSVS

[— uu — uu —] “Dīc” inquit Thessala “magnā,
quod jubeō, mercēde mihī; nam vēra locūtum
inmūnem tōtō mundī **praestābimus** aevō
artibus Haemoniīs: tālī tua membra sepulchrō,
tālibus **exūram** Stygiō cum carmine silvīs,
ut nūllōs cantāta magōs exaudiat umbra.”

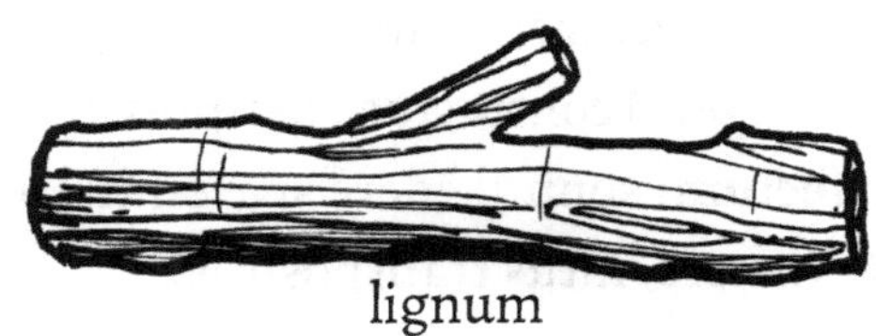

lignum

praemium, ī, *n.*: rēs aut pecūnia quae prō beneficiō dōnātur.
lignum, ī, *n.*: māteriēs ex quā arborēs cōnstant; arbor in partēs incīsa ad combūrendum parāta.
mercēs, ēdis, *f.*: praemium quod prō labōre accipitur.
immūnis, e (inm-): (< in + mūnus, *adj.*) ab aliquā rē līber; tūtus.
necromanticus, a, um: (*vōx Graeca*) ad mortuōs alloquendōs excitandōsve pertinēns.
praestāre, stitī, stātum: (*v. bis trānsītīvum*) efficere et eōdem statū cōnservāre.
exūrere, ussī, ustum: bene atque ex omnī parte ūrere; perūrere; cremāre.

ars necromantica

CADAVER RESPONDET ET FATA POMPEIORVM APERIT

776-781

GRADVS PRIMVS

Respondet cadāver trīstissimum et lacrimāns: “Ego ā Styge flūmine revocātus sum nec fāta vīdī. Sed animās Rōmānōrum mortuōrum magna inimīcitia vexat, et bellum cīvīle Rōmānum etiam apud īnferōs pācem violāvit. Haec omnēs umbrae mihi dīxērunt.”

GRADVS SECVNDVS

Maestum **flētū mānante** dīxit cadāver, “Equidem ā rīpā tacitā Stygis flūminis revocātus trīstia Parcārum **stāmina** nōn aspexī. Sed hoc est quod ex omnibus umbrīs discere potuī: **discordia** saeva Rōmānōs mānēs agitat
atque arma impia quiētem rēgnī īnfernī **rūpērunt**!”

LVCANI VERSVS

[— uu —] Maestum flētū mānante cadāver
“trīstia nōn equidem Parcārum stāmina” dīxit
“aspexī tacitae revocātus ab **aggere** rīpae;
quod tamen ē cūnctīs **mihi nōscere contigit** umbrīs,
effera Rōmānōs agitat discordia mānēs
impiaque īnfernam rūpērunt arma quiētem!”

flētus, ūs, *m.*: plōrātus; lāmentātiō; lacrimae.
mānāre, āvī, ātum: effundī; effluere.
stāmen, inis, *n.*: fīlum lānae quod dē colū pendet et apud poētās vītam significat.
discordia, ae, *f.*: īra; odium; dissēnsiō; inimīcitia; ↔ concordia.
rumpere, rūpī, ruptum: frangere; violāre.
agger, is, *m.*: (< ad + gerere) terrae, harēnae, saxōrum accumulātiō.
mihi nōscere contigit: accidit ut nōvisse possem; cognōvī.

Nōna quae stāmen tenet, Decima quae librum,
Morta quae forficēs

802-805

GRADVS PRIMVS

“Sed haec tē cōnsōlārī dēbent, ō juvenis: umbrae in locō placidō patrem tuum familiamque vestram exspectant, et tibi cēterīsque **Pompejīs** locum servant in eā regiōne serēnā rēgnī Plūtōnis quae Ēlysium appellātur.”

GRADVS SECVNDVS

“Ō juvenis, accipe haec **sōlācia** eaque **mementō**: mānēs patrem tuum domumque in locō placidō exspectant atque in parte serēnā rēgnī Plūtōnis vōbīs Pompejīs locum servant.”

LVCANI VERSVS

[— uu — uu —] “ **Refer** haec sōlācia **tēcum**,
ō juvenis, placidō mānēs patremque domumque
expectāre **sinū** rēgnīque in parte serēnā
Pompejīs servāre locum ... ”

Pompejī, ōrum, *m.pl.*: Gnaeus Pompejus Magnus cum fīliīs Gnaeō et Sextō.
sōlācium, ī, *n.*: id quod cūram aut dolōrem levat; cōnsōlātiō.
mementō: (< meminisse) *verbum modī imperātīvī secundae persōnae.*
sēcum referre, ferō, tulī, lātum: accipere; sēcum auferre.
sinus, ūs, *m.*: locus vel regiō intima, tūta et sēcūra.

805-809

GRADVS PRIMVS

Et nōlī glōriam vītae tuae brevis cūrāre: mors omnēs ducēs rapiet, et victōrēs et victōs. Ō Pompejī! **Moriminī** sine metū, et dēscendite ad īnferōs superbī et fortēs, etiam sī victī eritis. Nōlīte cūrāre magnitūdinem sepulchrōrum sed animōrum! immō dēspicite umbrās Imperātōrum Rōmānōrum quī in numerō deōrum habentur, namque animī eōrum humiliōrēs sunt quam vestrī!

GRADVS SECVNDVS

"Ac nē tē glōria parvae tibi reliquae vītae **sollicitet**: veniet enim hōra quae omnēs ducēs misceat. Festīnāte morī, ō **Pompejī**, atque ē bustīs vestrīs, etiam sī parvīs, attamen **animō magnō** ad īnferōs superbī dēscendite, et calcāte mānēs **deōrum Rōmānōrum**!"

Sextī Pompēī imāgō, patris frātrisque ejus in faciē reversā

MAG(NVS)·PIVS·IMP(ERATOR)·ITER(VM)
PRÆF(ECTVS) CLAS(SIS)·ET·ORÆ·MARIT(IMÆ)
EX·S(ENATVS)·C(ONSVLTO)

LVCANI VERSVS

[— uu — uu — uu —] "Nec glōria parvae
sollicitet vītae: veniet quae misceat omnīs
hōra ducēs.[1] **properāte** morī, magnōque superbī
quamvīs ē parvīs animō dēscendite bustīs[2]
et Rōmānōrum mānēs calcāte deōrum!"

moriminī: (< morī, *v. dēp., mod. imper.*) moriminī vōs!
sollicitāre, āvī, ātum: ānxium et excitātum reddere; vexāre; turbāre.
Pompejī, *nōm. pl. et voc. pl.*: (< Pompejus) saepe distinguitur nōminātīvus plūrālis ā genetivō singulārī quod est "Pompēī," et ā vocātīvō q.e. "Pompej!"
magnō animō: optima spērāns; fortis et sine metū.
deī Rōmānī: G. Jūlius Caesar et cēterī Imperātōrēs quī in numerō deōrum habentur.
[1] **veniet quae misceat omnīs hōra ducēs**: hōra veniet quā omnēs ducēs in Tartarīs convenient.
properāre, āvī, ātum: festīnāre.
[2] **quamvīs ē parvīs bustīs**: etiam sī busta vestra parva sint.

810-811

GRADVS PRIMVS

“Cujus ducis tumulus **in Aegyptō** et cujus **in Italiā** sit futūrus: hoc tantum incertum est, cētera certa. Pugnant ducēs nōn dē vītā, sed dē locō ubi sepeliantur, quia et victōrēs et victī pariter occīdentur.”

GRADVS SECVNDVS

“Quaestiō est, quem tumulum Nīlus, quem Tiberis lavet, ac ducibus tantum dē locō tumulī **pugna** est.”

LVCANI VERSVS

“Quem tumulum Nīlī, quem Thybridis **adluat** unda
quaeritur, et ducibus tantum dē fūnere pugna est.”

in Aegyptō: Gnaeus Pompejus Magnus in lītore Aegyptiō occīsus et cremātus est, sed caput in Italiā tumulō sepultus.
in Italiā: Gāius Jūlius Caesar in cūriā Pompejā occīsus est et in forō Rōmānō cremātus.
pugna, ae, *f.*: certāmen; bellum.
alluere, uī, ūtum (adl-): leviter lavāre.
quaeritur: (*v. impers.*) incertum est; ignōrātur.

sepulchrum sīve tumulus hominis opulentī

812-816

GRADVS PRIMVS

"Tū autem nōlī fātum tuum quaerere. Ego silēbō, quoniam Parcae tibi fātum aperient dum vītam tuam fīnient. **Pater tuus**, quī vātēs melior est quam ego sum, omnia tibi praedīcet cum **in Siciliam** adveniēs. Sed ille etiam dubitat: tē tūtum esse vult sed nescit quās terrās regiōnēsque petere et quās **vītāre** dēbeās."

GRADVS SECVNDVS

"Tū vērō nē quaerās fātum tuum: ego tacēbō, quia Parcae tibi illud mōnstrābunt. Pater tuus, Pompejus Magnus, quī vātēs certior est quam ego, ipse fāta tibi in agrīs Siciliae canet. Sed ille etiam incertus est quō tē vocet, unde tē repellat, quās terrās et **sīdera mundī** tē vītāre jubeat."

LVCANI VERSVS

"Tū fātum nē quaere tuum: cognōscere Parcae
mē **reticente** dabunt; tibi certior omnia vātēs
ipse canet Siculīs **genitor** Pompejus in arvīs,
ille quoque incertus quō tē vocet, unde repellat,
quās jubeat vītāre **plagās**, quae sīdera mundī."

in Siciliam: patre frātreque mortuīs, Sextus Pompejus decem annōs Siciliam ā mīlitibus triumvirōrum G. Octāvī, M. Antōnī, M. Lepidī dēfendit, dōnec nāvēs ejus ā M. Agrippā dēlētae sunt.
vītāre, āvī, ātum: fugere.
sīdera, um, *n.pl.*: (< sīdus) caelum; **sīdera mundī** = pars mundī; regiō.
reticēre, uī: tacēre et vērum nōn aperīre; cēlāre.
genitor, ōris, *m.*: pater.
plaga, ae, *f.*: terra aut mare aut caelum lātē patēns; tractus; regiō.

817-818

GRADVS PRIMVS

"Ō **Pompejī fīliī** cum patre vestrō, īnfortūnātī estis! Timēte **et Eurōpam et Āfricam et Asiam**: nūlla pars mundī vōbīs tūta erit. Namque in īsdem terrīs tribus ubi pater vester victor fuit, dea Fortūna tumulōs vestrōs trēs locābit. Et in illīs terrīs omnēs trēs moriēminī."

GRADVS SECVNDVS

"Eurōpam **Libyam**que Asiamque timēte, ō miserī Pompejī, nam Fortūna tumulōs **triumphīs** vestrīs distribuit."

LVCANI VERSVS

"Eurōpam, miserī, Libyamque Asiamque timēte:
distribuit tumulōs vestrīs Fortūna triumphīs."

Pompejī fīliī: Sextus et Gnaeus.
et Eurōpam et Lybiam et Asiam: in hīs regiōnibus tribus Pompejus Magnus victor fuit, et ipse in Āfricā mortuus est, Sextus in Asiā, Gnaeus in Hispāniā. Itaque prō quōque triumphō Pompēī patris dea Fortūna gentī ejus in eādem terrā tumulum dēstināvit.
Libya, ae, *f.*: saepe prō tōtā Āfricā pōnitur.
triumphus, ī, *m.*: (< *triumphāre*) pompa triumphālis quae Rōmae habēbātur.

819-821

GRADVS PRIMVS

"Ō miserī Pompejī! Nūlla terra in tōtō mundō tūtior est vōbīs quam Thessalia, haec terra saeva." Postquam cadāver hōc modō fāta aperuit, maestus tacitusque stat et iterum morī cupit.

GRADVS SECVNDVS

"Ō miseranda domus Pompeja, quae in tōtō orbe terrārum nūllum locum Thessaliā tūtiōrem inveniēs!" Postquam cadāver hīs verbīs dē fātīs omnia dīxit, maestus et ōre tacitō stat mortemque secundam dēsīderat.

LVCANI VERSVS

"Ō miseranda domus, tōtō nīl orbe vidēbis
tūtius **Ēmathiā**." sīc postquam **fāta perēgit**,
stat voltū maestus tacitō mortemque **reposcit**.

Ēmathia, ae, *f.*: Thessalia.
peragere, ēgī, āctum: omnīnō et ad fīnem agere, facere aut dīcere.
fāta peragere: omnia fāta dīcere et aperīre.
reposcere: iterum iterumque ex aliquō petere; vehementer dēsīderāre.

CADAVER IN PACE REQVIESCIT

822-825

GRADVS PRIMVS

Ut cadāver vīvere et movēre dēsinat, necesse est Ericthōnī carminibus magicīs et herbīs ūtī. Neque **ipsae Parcae** animam ejus ad īnferōs et in suam potestātem revocāre possunt, quia jam semel vītam ejus fīniērunt. Postquam igitur Ericthō carminibus et herbīs ūsa est, rogum dē lignō fēcit, et tandem cadāver flammās intrāvit et combustum est.

GRADVS SECVNDVS

Carminibus magicīs herbīsque ūtī necesse est Ericthōnī ut cadāver iterum cadat, nec Fāta possunt animam ejus sibi reddere, namque **jūs Parcārum** jam semel **trānsāctum** est. Deinde illa multō lignō rogum fēcit, et cadāver ad ignēs fūnereōs vēnit.

LVCANI VERSVS

Carminibus magicīs **opus est** herbīsque, cadāver
ut cadat, et **nequeunt** animam sibi reddere fāta
cōnsūmptō jam jūre semel. tunc rōbore multō
extruit illa rogum; vēnit dēfūnctus ad ignēs.

ipsae Parcae: deae Parcae fīlum vītae nōn nisi semel resecāre possunt.
jūs Parcārum trānsāctum: Parcārum officium perfectum est postquam ūnam vītam semel fīniērunt, neque iterum eam fīnīre possunt.
opus est + *abl.*: *nōm.* + necessārium est; aliquid acquīrere et adhibēre necesse est sīve oportet.
nequīre: (< neque + īre) nōn posse.
cōnsūmere, sūmpsī, sūmptum: exhaurīre; absolvere; peragere; trānsigere.
exstruere, strūxī, strūctum: rēbus accumulātīs cōnstruere; aedificāre.

VERSVS LVCANI

VERSVS 413-420

Hāc ubi damnātā Fātīs tellūre locārunt
castra ducēs, cūnctōs bellī praesāga futūrī
mēns agitat, summīque gravem discrīminis hōram
adventāre palam est, propius jam fāta movērī.
dēgenerēs trepidant animī pejōraque versant;
ad dubiōs paucī praesūmptō rōbore cāsūs
spemque metumque ferunt. turbae sed mixtus inertī
Sextus erat, magnō prōlēs indigna parente.

VERSVS 430-441, 447-448

[— uu — uu — uu — uu] Ille supernīs
dētestanda deīs saevōrum arcāna magōrum
nōverat et trīstīs sacrīs fērālibus ārās,
umbrārum Dītisque fidem, miserōque liquēbat
scīre parum superōs. vānum saevumque furōrem
adjuvat ipse locus vīcīnaque moenia castrīs
Haemonidum, fictī quās nūlla licentia mōnstrī
trānsierit, quārum quidquid nōn crēditur ars est.
Thessala quīn etiam tellūs herbāsque nocentēs
rūpibus ingenuit sēnsūraque saxa canentēs
arcānum fērāle magōs. ibi plūrima surgunt
vim factūra deīs [...]
inpia tot populīs, tot surdās gentibus aurēs
caelicolum dīrae convertunt carmina gentis!

VERSVS 492-499

Quis labor hic superīs cantūs herbāsque sequendī
spernendīque timor? cujus commercia pactī
obstrictōs habuēre deōs? pārēre necesse est,
an juvat? ignōtā tantum pietāte merentur,
an tacitīs valuēre minīs? hoc jūris in omnīs
est illīs superōs, an habent haec carmina certum

imperiōsa deum, quī mundum cōgere quidquid
cōgitur ipse potest?

VERSVS 507-537

Hōs scelerum rītūs, haec dīrae crīmina gentis
effera damnārat nimiae pietātis Ericthō
inque novōs rītūs pollūtam dūxerat artem.
illī namque nefās urbis summittere tēctō
aut laribus fērāle caput, dēsertaque busta
incolit et tumulōs expulsīs obtinet umbrīs
grāta deīs Erebī. coetūs audīre silentum,
nōsse domōs Stygiās arcānaque Dītis opertī
nōn superī, nōn vīta vetat. tenet ōra profānae
foeda sitū maciēs, caelōque ignōta serēnō
terribilis Stygiō faciēs pallōre gravātur
inpexīs onerāta comīs; sī nimbus et ātrae
sīdera subdūcunt nūbēs, tunc Thessala nūdīs
ēgreditur bustīs nocturnaque fulmina captat.
sēmina fēcundae segetis calcāta perussit
et nōn lētiferās spīrandō perdidit aurās.
nec superōs ōrat nec cantū supplice nūmen
auxiliāre vocat nec fibrās illa litantīs
nōvit: fūnereās ārīs inpōnere flammās
gaudet et accēnsō rapuit quae tūra sepulchrō.
omne nefās superī prīmā jam vōce precantis
concēdunt carmenque timent audīre secundum!
vīventīs animās et adhūc sua membra regentīs
īnfōdit bustō: Fātīs dēbentibus annōs
mors invīta subīt! perversā fūnera pompā
rettulit ā tumulīs: fūgēre cadāvera lētum!
fūmantīs juvenum cinerēs ārdentiaque ossa
ē mediīs rapit illa rogīs ipsamque parentēs
quam tenuēre facem; nigrōque volantia fūmō
fērālis fragmenta torī vestēsque fluentīs

colligit in cinerēs et olentīs membra favillās.

VERSVS 570-576

Hanc ut fāma locī Pompejō prōdidit, altā
nocte polī, Tītān medium quō tempore dūcit
sub nostrā Tellūre diem, dēserta per arva
carpit iter. fīdī scelerum suētīque ministrī
effrāctōs circum tumulōs ac busta vagātī
cōnspexēre procul praeruptā in caute sedentem,
quā juga dēvexus Pharsālica porrigit Haemus.

VERSVS 589-595

Quam prior adfātur Pompēī ignāva propāgō.
“ō decus Haemonidum, populīs quae pandere fāta
quaeque suō ventūra potes dēvertere cursū,
tē precor ut certum liceat mihi nōscere fīnem
quem bellī Fortūna paret! nōn ultima turbae
pars ego Rōmānae, Magnī clārissima prōlēs,
vel dominus rērum, vel tantī fūneris hērēs.”

VERSVS 615-631

[— uu — uu —] “Sed sī praenōscere cāsūs
contentus, facilēsque aditūs multīque patēbunt
ad vērum: tellūs nōbīs aetherque chaosque
aequoraque et campī Rhodopaeaque saxa loquentur.
sed prōnum, cum tanta novae sit cōpia mortis,
Ēmathiīs ūnum campīs attollere corpus,
ut modo dēfūnctī tepidīque cadāveris ōra
plēnā vōce sonent, nec membrīs sōle perustīs
auribus incertum fērālis strīdeat umbra.”
dīxerat, et noctis geminātīs arte tenebrīs
maestum tēcta caput squālentī nūbe pererrat
corpora caesōrum tumulīs prōjecta negātīs.

continuō fūgēre lupī, fūgēre revolsīs
unguibus inpāstae volucrēs, dum Thessala vātem
ēligit et gelidās lētō scrūtāta medullās
pulmōnis rigidī stantīs sine volnere fibrās
invenit et vōcem dēfūnctō in corpore quaerit.

VERSVS 637-641

Ēlēctum tandem trājectō gutture corpus
dūcit, et īnsertō laqueīs fērālibus uncō
per scopulōs miserum trahitur per saxa cadāver
vīctūrum, montisque cavī, quem trīstis Ericthō
damnārat sacrīs, altā sub rūpe locātur.

VERSVS 654-698, 706

Discolor et variō furiālis cultus amictū
induitur, voltusque aperītur crīne remōtō,
et coma vīpereīs substringitur horrida sertīs.
ut pavidōs juvenis comitēs ipsumque trementem
cōnspicit exanimī dēfīxum lūmina voltū,
"pōnite" ait "trepidā conceptōs mente timōrēs:
jam nova, jam vērā reddētur vīta figūrā,
ut quamvīs pavidī possint audīre loquentem.
sī vērō Stygiōsque lacūs rīpamque sonantem
ignibus ostendam, sī mē praebente vidērī
Eumenides possint villōsaque colla colubrīs
Cerberus excutiēns et vīnctī terga Gigantes,
quis timor, ignāvī, metuentīs cernere mānēs?"
pectora tum prīmum ferventī sanguine supplet
volneribus laxāta novīs tābōque medullās
abluit et vīrus largē lūnāre ministrat.
hūc quidquid fētū genuit nātūra sinistrō
miscētur: nōn spūma canum quibus unda timōrī est,
vīscera nōn lyncis, nōn dūrae nōdus hyaenae
dēfuit et cervī pāstae serpente medullae.

nōn puppem retinēns Eurō tendente rudentīs
in mediīs echenāis aquīs oculīque dracōnum
quaeque sonant fētā tepefacta sub ālite saxa,
nōn Arabum volucer serpēns innātaque Rubrīs
aequoribus custōs pretiōsae vīpera conchae
aut vīventis adhūc Libycī membrāna cerastae
aut cinis Ēōā positī phoenīcis in ārā.
quō postquam vīlēs et habentīs nōmina pestīs
contulit, īnfandō saturātās carmine frondīs
et, quibus ōs dīrum nāscentibus īnspuit, herbās
addidit et quidquid mundō dedit ipsa venēnī.
tum vōx Lēthaeōs cūnctīs pollentior herbīs
excantāre deōs cōnfundit murmura prīmum
dissona et hūmānae multum discordia linguae.
lātrātūs habet illa canum gemitūsque lupōrum,
quod trepidus būbō, quod strix nocturna queruntur,
quod strīdent ululantque ferae, quod sībilat anguis.
exprimit et plānctūs inlīsae cautibus undae
silvārumque sonum frāctaeque tonitrua nūbis:
tot rērum vōx ūna fuit! mox cētera cantū
explicat Haemoniō penetratque in Tartara linguā.
“Eumenides Stygiumque Nefās Poenaeque nocentum
et Chaos innumerōs avidum cōnfundere mundōs
et rēctor terrae, quem longa in saecula torquet
mors dīlāta deum, [...]
exaudīte precēs!”

VERSVS 712-714, 716-735

“Nōn in Tartareō latitantem poscimus antrō
adsuētamque diū tenebrīs, modo lūce fugātā
dēscendentem animam. [...]
[—uu —uu —uu —] ducis omnia nātō
Pompejāna canat nostrī modo mīlitis umbra,
sī bene de vōbīs cīvīlia bella merentur!”

haec ubi fāta caput spūmantiaque ōra levāvit,
aspicit astantem prōjectī corporis umbram,
exanimīs artūs invīsaque claustra timentem
carceris antīquī: pavet īre in pectus apertum
vīsceraque et ruptās lētālī volnere fibrās.
ā, miser, extrēmum cuj mortis mūnus inīquē
ēripitur — nōn posse morī. mīrātur Ericthō
hās Fātīs licuisse morās, īrātaque Mortī
verberat inmōtum vīvō serpente cadāver,
perque cavās terrae, quās ēgit carmine, rīmās
mānibus inlātrat rēgnīque silentia rumpit.
"Tīsiphonē vōcisque meae sēcūra Megaera,
nōn agitis saevīs Erebī per ināne flagellīs
īnfēlīcem animam? jam vōs ego nōmine vērō
ēliciam Stygiāsque canēs in lūce supernā
dēstituam; per busta sequar, per fūnera custōs,
expellam tumulīs, abigam vōs omnibus ūrnīs."

VERSVS 742-767

[— uu — uu — uu —] "Tibi, pessime mundī
arbiter, inmittam ruptīs Tītāna cavernīs,
et subitō feriēre diē. parētis, an ille
conpellandus erit, quō numquam terra vocātō
nōn concussa tremit, quī Gorgona cernit apertam
verberibusque suīs trepidam castīgat Erīnȳn,
indēspecta tenet vōbīs quī Tartara, cujus
vōs estis superī, Stygiās quī perjerat undās?"
prōtinus astrictus caluit cruor ātraque fōvit
volnera et in vēnās extrēmaque membra cucurrit.
percussae gelidō trepidant sub pectore fibrae,
et nova dēsuētīs subrēpēns vīta medullīs
miscētur mortī. tunc omnis palpitat artus,
tenduntur nervī; nec sē tellūre cadāver
paulātim per membra levat, terrāque repulsum est

ērēctumque semel. distentō lūmina rictū
nūdantur. nōndum faciēs vīventis in illō,
jam morientis erat: remanet pallorque rigorque,
et stupet inlātus mundō. sed murmure nūllō
ōra astricta sonant: vōx illī linguaque tantum
respōnsūra datur. "dīc" inquit Thessala "magnā,
quod jubeō, mercēde mihī; nam vēra locūtum
inmūnem tōtō mundī praestābimus aevō
artibus Haemoniīs: tālī tua membra sepulchrō,
tālibus exūram Stygiō cum carmine silvīs,
ut nūllōs cantāta magōs exaudiat umbra."

VERSVS 776-781

[— uu —] Maestum flētū mānante cadāver
"trīstia nōn equidem Parcārum stāmina" dīxit
"aspexī tacitae revocātus ab aggere rīpae;
quod tamen ē cūnctīs mihi nōscere contigit umbrīs,
effera Rōmānōs agitat discordia mānēs
impiaque īnfernam rūpērunt arma quiētem!"

VERSVS 802-825

[— uu — uu —] "Refer haec sōlācia tēcum,
ō juvenis, placidō mānēs patremque domumque
expectāre sinū rēgnīque in parte serēnā
Pompejīs servāre locum. nec glōria parvae
sollicitet vītae: veniet quae misceat omnīs
hōra ducēs. properāte morī, magnōque superbī
quamvīs ē parvīs animō dēscendite bustīs
et Rōmānōrum mānēs calcāte deōrum!
quem tumulum Nīlī, quem Thybridis adluat unda
quaeritur, et ducibus tantum dē fūnere pugna est.
tū fātum nē quaere tuum: cognōscere Parcae
mē reticente dabunt; tibi certior omnia vātēs
ipse canet Siculīs genitor Pompejus in arvīs,

ille quoque incertus quō tē vocet, unde repellat,
quās jubeat vītāre plagās, quae sīdera mundī.
Eurōpam, miserī, Libyamque Asiamque timēte:
distribuit tumulōs vestrīs Fortūna triumphīs.
ō miseranda domus, tōtō nīl orbe vidēbis
tūtius Ēmathiā." sīc postquam fāta perēgit,
stat voltū maestus tacitō mortemque reposcit.
carminibus magicīs opus est herbīsque, cadāver
ut cadat, et nequeunt animam sibi reddere fāta
cōnsūmptō jam jūre semel. tunc rōbore multō
extruit illa rogum; vēnit dēfūnctus ad ignēs.

LIST OF IMAGES

Cover: *Saul and the Witch of Endor*, oil painting on canvas by William Sidney Mount, New York, 1828.
Preface: *Saul and the Witch of Endor*, etching on paper by Simon Fokke, Amsterdam, 1766.
p. xxxiii: *Map of Ancient Greece for Caesar's Civil War in 48 BC* by Linguae. Wikimedia Commons. Re-used without modification under CC BY-SA 4.0 (https://creativecommons.org/licenses/by-sa/4.0/legalcode).
p. 2: *The Three Fates Clotho, Lachesis, and Atropos*, print by Giorgio Ghisi after a now-lost drawing related to a stucco bas-relief by Giulio Romano, Mantua, 1558–59.
p. 4: *Sextus Pompeius*, copperplate engraving by Jacob von Sandrart after an illustration by Joachim von Sandrart. From Joachim von Sandrart, *L'Academia Todesca della Architectura, Scultura & Pittura; oder Deutsche Academie der Edlen Bau- Bild- und Mahleren-Kuenste* (ersten Theils zweytes Buch, Tafel 11), Nuremberg, 1675.
p. 5: Engraving after G. Pompey Magnus' bust in Paris, Louvre with nose restored. From Hermann Julius Meyer, *Meyers Konversations-Lexikon : eine Encyklopädie des allgemeinen Wissens* (4th edition, volume 18, page 725), Leipzig and Vienna, 1891.
p. 6: *Greek altar*, found in Athens. From Ernst Wallis, *Illustrerad verldshistoria* (volume 1, page 250), Chicago, 1894.
p. 7: *Pluto and Cerberus*, print by Bernard Picart (workshop of), Amsterdam, 1727.
p. 9: *Hyoscyamum* [sic] by either Georgius Liberalis or Volfangus Meierpeck Misnensis. From Pietro Andrea Gregorio Mattioli & Tadeas Hájek z Hájku, *Herbář jinak Bylinář* [Herbarium], Prague, 1562.
p. 10: *Juno* and *Jupiter*, etchings by P. Sellier, circa 1886.
p. 12: *Saul and the Witch of Endor*, after Salvator Rosa, print by Andrew Lawrence and Jean Audran, Paris, c. 1730–1754.
p. 14: *Invidia* [Envy] by Zacharias Dolendo, Leiden, c. 1596–97.
p. 15: *Pompeii, Way of the Tombs* by Léon Charles Libonis. From Larive and Fleury, *Dictionnaire français illustré des mots et des choses* (volume 3, page 9), Paris, 1888–89.
p. 16: *Lararium*, a wall painting from Pompeii VIII, insula 2 or 3, kitchen. Now in the Naples Archaeological Museum (inventory number 8905).

p. 17: *Unkempt Erictho*, image generated in Canva.
p. 18: An unknown engraving by Jules Huyot after Gustan Le Sénéchal de Kerdréoret, late 19th to early 20th century.
p. 20: Illustration of a Roman religious offering from Robert von Spalart, Ignaz Alberti, Franz Jakob Kaiserer, *Versuch über das Kostum der vorzüglichsten Völker des Alterthums, des Mittelalters und der neuern Zeiten*, (Antiq., Tom. 1, Tab. 23), Vienna, 1798.
p. 22: *Dance of Death* by Michael Wolgemut. From Hartmann Schedel, *Liber Chronicarum* [The Nuremberg Chronicle], Nuremberg, 1493.
p. 24: *Rome* by Henry Winkles. From Johann Georg Heck, Spencer Fullerton Baird, *Iconographic Encyclopædia of Science, Literature, and Art* (volume I, division III, plate 13), New York, 1852.
p. 26: *Sol* [Sun] by Hendrik Goltzius. From the series *The Set of the Antique Gods* (plate 5), Holland, 1592.
p. 27: *Rocky outcropping*, Canva.
p. 28: *The Valley of Sellasia in Laconia*. Illustration from John Pentland Mahaffy, *Greek Pictures, Drawn with Pen and Pencil*, London, 1890.
p. 30: *Fortuna*, engraving by Sebald Beham, Frankfurt am Main, 1541.
p. 32: *Bleached bones*, image generated in Canva.
p. 33: *Paolo Emilio moribondo alla Battaglia di Canne* [Death of Lucius Aemilius Paullus at the battle of Cannae], print by Bartolomeo Pinelli, Rome, 1817.
p. 35 (1): *Talons*, Canva.
p. 35 (2): *Vulture*, Canva.
p. 36: *Lasso or noose*, Canva.
p. 37: *Hook and rope*, Canva.
p. 39: *Head of Medusa*, seen nearly full-face, print by Unknown, Italy, 17th century.
p. 41: *Cerberus*, Canva.
p. 43: *Poison*, Canva.
p. 44 (1): *Rabid dog*, Canva.
p. 44 (2): *Deer*, Canva.
p. 45: *Hyena*, Canva.
p. 46 (1): *Phoenix*, Canva.
p. 46 (2): *Common remora*, Canva.
p. 50: *Horned owl*, Canva.

p. 52: *Furies* (from a painted vase), engraving on wood. From Sarah Amelia Scull, *Greek Mythology Systematized* (page 279), Philadelphia, 1880.
p. 53: *Pluto*, etched by Stefano della Bella, designed by Jean Desmarets de Saint-Sorlin, Paris, 1644. From the set *Jeu de la Mythologie* [Game of Mythology].
p. 55: *Crossing the Styx* by Gustave Doré, 1861. From Dante Alighieri, *Inferno*, translated by Henry Francis Cary and illustrated with the designs of Gustave Doré, New York, 1890.
p. 57: *Sextus Pompeius Consulting Erictho Before the Battle of Pharsalia* by John Hamilton Mortimer, London, 1771.
p. 59: *Lash or whip*, Canva.
p. 62: *The Sons of Pompey Consulting the Witch Erictho*, engraving and print by Elisha Kirkall after an etching by Louis Chéron, London, 1718.
p. 63: *Lungs*, Canva.
p. 64: *Memento mori*, print by Julie de Graag, The Hague, 1916.
p. 65: *Astonished or stupefied man*, image generated in Canva.
p. 66: *Log*, Canva.
p. 67: *Saul and the Witch of Endor* by Edward Henry Corbould, London, 1860.
p. 69: *Parzen* [Parcae]. From *Brockhaus Bilder-Conversations-Lexikon* (volume 3, page 421), Leipzig, 1839.
p. 71: A Roman republican *aureus* (standard circulation gold coin). Struck in Sicily in 42–40 BC.
p. 72: *Emperors of Rome* by John William Cook. From George Crabb, *Universal Historical Dictionary* (volume 1, plate 1), London, 1833.
p. 73: *Roman Tombs, Sarcophagi, and Artifacts. The street of tombs in Pompeii*, engraving by Henry Winkles. From Johann Georg Heck, Spencer Fullerton Bair, *Iconographic Encyclopædia of Science, Literature, and Art* (volume I, division III, plate 17), New York, 1852.

www.ingramcontent.com/pod-product-compliance
Lightning Source LLC
Chambersburg PA
CBHW062113080426
42734CB00012B/2844
* 9 7 9 8 9 9 1 8 7 4 0 0 7 *